Thomas Jefferson

Die Jefferson-Bibel

Der wahre Kern des Neuen Testaments

Thomas Jefferson

Die Jefferson Bibel

Der wahre Kern des Neuen Testaments

Herausgegeben und übersetzt
von Tobias Huch

riva

Bibliografische Information der Deutschen Nationalbibliothek:
Die Deutsche Nationalbibliothek verzeichnet diese Publikation in der Deutschen Nationalbibliografie. Detaillierte bibliografische Daten sind im Internet über http://dnb.d-nb.de abrufbar.

Für Fragen und Anregungen:
info@riva-verlag.de

1. Auflage 2018

Nymphenburger Straße 86
D-80636 München
Tel.: 089 651285-0
Fax: 089 652096

Redaktion: Sabine Franke
Umschlaggestaltung: Marc-Torben Fischer
Umschlagabbildung: istockphoto.com/trigga
Satz: inpunkt[w]o, Haiger (www.inpunktwo.de)
Druck: GGP Media GmbH, Pößneck
Printed in Germany

ISBN Print 978-3-7423-0572-5
ISBN E-Book (PDF) 978-3-7453-0124-3
ISBN E-Book (EPUB, Mobi) 978-3-7453-0125-0

Weitere Informationen zum Verlag finden Sie unter
www.rivaverlag.de
Beachten Sie auch unsere weiteren Verlage unter
www.m-vg.de

INHALT

Dieses Buch widme ich meiner Nichte Pia.

Möge Dir und allen jungen Menschen die universelle Moral Jesu helfen, im Leben festen Halt und einen aufrechten Weg zu finden.

Dein Onkel Tobias

VORWORT

Zur Bibel hatte ich mein Leben lang einen besonderen Bezug, vor allem bedingt durch mein katholisches Elternhaus. Ich war als Kind froh, dass es die Bibel als Hörspiel gab. Zuerst hörte ich das Alte und dann das Neue Testament. Das war mein erster direkter Kontakt mit der Bibel.

Dank der humanistischen Bildung meines Vaters und meiner sehr offenen, auch kritisch-politischen Erziehung waren Diskussionen über Religion bei uns zu Hause so gut wie ständig an der Tagesordnung. Das Konzept einer Amtskirche befremdete mich zunehmend, mehr als einmal habe ich mich von der Kirche distanziert, weil ich das Handeln ihrer Vertreter als heuchlerisch und zuweilen unchristlich empfand. Außerdem war mir ein Festhalten an starren Dogmen zuwider, und der Glaube an Unfehlbarkeit oder ewige Wahrheiten verstörte mich, da ich seit jeher gewohnt war, alles zu hinterfragen und kritisch zu betrachten. In dieser gesunden Skepsis haben mich meine Eltern bestärkt und ermutigt – auch wenn sie es sich damit selbst nicht gerade leichter machten.

Ich habe nie verstanden, warum die christliche Botschaft so komplex sein muss, dass sie den Menschen von heute oft so verklausuliert und weltfremd erscheint. Gewiss: Die Bibel wurde wieder und wieder übersetzt, wobei es zu inhaltlichen Deutungen und sprachlichen Fehlern kam. Die Sprache Jesu war das Ur-Aramäische, aus diesem wurden die Bibeltexte ins Altgriechische übertragen, von dort ins Latein, und viel später dann – dank Martin Luther – schließlich ins Deutsche, womit sich ihr Inhalt in unserem Kulturkreis zum ersten Mal einer breiten Öffentlichkeit erschloss. Und jede Übersetzung brachte Veränderungen mit sich. Je nach politischem und kulturellem Zeitgeist wurden einzelne ihrer Passagen verstärkt oder abgeschwächt, wurden neue Begriffe geprägt und sprachliche Bilder hinzugefügt. Auch die Kirche selbst, zahllose Gelehrte und in Konzilen gefasste Beschlüsse hatten Verzerrungen und teilweise Entstellungen des Urtextes zur Folge. Aus ehemals klaren Botschaften wurden so im Lauf der Epochen teilweise schwer verständliche und mit Hinzudichtungen überladene Inhalte. Diese Quellengeschichte der Bibel war mir zwar bewusst, und nur zu gern hätte ich die heutige Bibel mit dem einstigen Originalstoff verglichen; weil ich aber kein Alt-Aramäisch verstehe und auch des Altgriechischen und Lateinischen nur bedingt mächtig bin, konnte ich mich dieser reizvollen Aufgabe leider nie vertieft widmen.

Vor drei Jahren stieß ich dann zufällig auf die *Jefferson-Bibel*, von der ich zuvor noch nie gehört hatte. Die Lebensgeschichte und die Lehren Jesu von Nazareth stehen im Mittelpunkt dieses Anfang des 19. Jahrhunderts entstandenen Werkes, das sowohl für die Jesusforschung als auch die amerikanische Geschichte eine große Bedeutung hat und von ihrem dritten Präsidenten Thomas Jefferson (1743–1826) erstellt wurde. Dieser hatte sich zeitlebens als Christ verstanden, aber an die Wundererzählungen der Bibel konnte er einfach nicht glauben. Deshalb machte er sich 1804 erstmals daran, das Neue Testament auf seinen wahren Kern zu reduzieren. Als Grundlage dienten ihm mehrere Bibeln in griechischer, lateinischer, französischer und englischer Sprache. Bewusst ließ er alle übernatürlichen Phänomene aus und verzichtete auf die – aus seiner Sicht – historischen Fehler. Die relevanten Passagen aus den vier Evangelien schnitt er aus und fügte sie neu und in chronologischer Reihenfolge wieder zusammen. Ein komplexes Flickwerk war das Ergebnis, das er zwischen 1818 und 1820 in seine heutige Form brachte.

Jeffersons Bibel beginnt mit der Geburt Jesu (nach Lukas 2,1–7) und endet mit der Schilderung seiner Beerdigung und des Verschließens des Grabes (nach Johannes 19 und Matthäus 27,60). Die Auferstehung ist also kein Teil des Berichts, was typisch für Jeffersons Vorgehensweise ist, da er konsequent auf alle Wunder, Prophezeiungen und Verkündigungen durch Engel verzichtet.

Jefferson selbst veröffentlichte sein Werk zu Lebzeiten nicht. Es blieb auch nach seinem Tod nahezu unbekannt. Erst gegen Ende des 19. Jahrhunderts wurde seine Arbeit wiederentdeckt und durch die Veröffentlichung einer breiten Öffentlichkeit bekannt. In den USA gilt die *Jefferson-Bibel* längst als Standardwerk, das von vielen auch als Ausgangspunkt der heutigen Jesusforschung betrachtet wird.

Nach der ersten Lektüre wurde mir bewusst, dass Thomas Jefferson schon vor 200 Jahren demselben Verlangen gefolgt war, das auch mich mit Blick auf die Bibel erfüllt hatte: nämlich die Kernbotschaft – die Moral, die Lehre und das Leben Jesu – kompakt, schlicht und auf die wesentliche Substanz reduziert zusammenzufassen, befreit vom fantasievollen Ballast der Jahrhunderte, der nach und nach hinzugedichtet worden war. So entstand die *Jefferson-Bibel* – die reine Botschaft der Evangelien ohne Wunder, ohne kirchlich-religiös motivierte spätere Ergänzungen und ohne jedes schmückende Beiwerk, das nur vom eigentlichen Kern ablenkt. Die Kernbotschaft, auf der die Werte der abendländischen, aufgeklärten, christlichen Gesellschaft basieren, auf knapp 100 Seiten – das erschien mir sensationell.

Vor allem junge Menschen suchen nach klaren, eingängigen und überzeugenden Botschaften, nach geistiger Orientierung. Durch meinen politischen Kampf gegen den derzeitigen Vormarsch radikaler Ideologien auf unseren Straßen ist mir nur zu gut bekannt, dass Jugendliche und junge Erwachsene durchaus nach innerer Struktur, nach einem Wertesystem suchen. Dieses Wertesystem muss attraktiv und vor allem verständlich sein. Und all das ist die Bibel heute leider nicht mehr; sie ist zu umfangreich, zu komplex, zu unverständlich. Doch geistige Inhalte dürfen sich nicht allein »angestaubten« Theologen und Akademikern erschließen; sie sollten auch einfache Menschen ansprechen und gerade der jüngeren Generation einen Zugang erlauben. In der *Jefferson-Bibel* erkannte ich die Chance, auch junge Menschen für christliche Werte zu gewinnen. Würde man das Interesse an dieser schnörkellosen, auf das Wesentliche reduzieren Bibelversion wecken können, so dachte ich mir, dann wäre etwa im Kampf gegen islamistische Verblendung einiges gewonnen.

Leider tat sich ein Problem auf: Tatsächlich gab es die *Jefferson-Bibel* nicht auf Deutsch. Eben hierin fand ich ein Projekt für mich. So begann ich mit der Übersetzung von Jeffersons Textauswahl. Zunächst orientierte ich mich an entsprechenden Passagen der Lutherbibel. Später dann vereinfachte ich die Sprache, jedoch ohne den Inhalt zu verfälschen. Mein Ziel war stets klar: Die deutsche *Jefferson-Bibel* sollte ein einfach zu lesendes, gut verständliches Buch werden, welches Menschen Halt und Orientierung in jeder Situation ihres Lebens zu bieten vermag.

Für mich selbst kann ich sagen, dass mir die Lektüre und die intensive Arbeit an und mit der *Jefferson-Bibel* persönlichen Halt gegeben haben. Der Stoff erdete mich immer wieder und motivierte mich, in wirklich dunklen Stunden weiterzumachen. Was Letzteres betrifft, so fiel meine Beschäftigung mit der *Jefferson-Bibel* gerade in die richtige Zeit, da ich seit 2014 als ehrenamtlicher Flüchtlingshelfer in den Kriegsgebieten des Iraks und Syriens unterwegs bin; ich sah dort unfassbare Schrecken und Leid, die mich bis heute verfolgen. Doch die Lektüre und Bearbeitung dieser zeitlosen Bibeltexte hat mir geholfen, alle noch so schrecklichen Eindrücke unbeschadet durchzustehen. Dafür bin ich sehr dankbar.

Ich hoffe, dass auch Sie Halt, Hilfe, Ermutigung und Erkenntnis durch dieses Buch gewinnen können.

Ich will die Chance nutzen, mich bei den Menschen zu bedanken, die mich in den letzten Jahren besonders unterstützt, ermutigt und aufgefangen haben. Als Erstes ist hierbei meine Familie zu nennen, die jederzeit für mich da war. Seien es meine Eltern, meine Schwester Verena, meine Tante Irene oder mein Onkel Günther. Besonderer Dank für die Unterstützung bei diesem Buch gebührt zudem meinem alten Freund Daniel Matissek, der für die ein oder andere Formulierung in diesem Buch gesorgt hat, wenn ich nicht weiterwusste. Aus meiner liberalen Familie, der FDP, habe ich besondere Unterstützung für all meine Projekte von Menschen wie Moritz Mergen, Burkhardt Müller-Sönksen und Christoph Giesa erfahren. Auch der streittüchtige Felix Leidecker, Christdemokrat, war immer für ein offenes Wort zu haben und ist ein enger, echter Freund. Wundervollen Menschen wie Ann-Kathrin Lehmann und Diego Kacic danke ich. Es ist schön, dass es euch gibt und wir uns kennengelernt haben. Und am Schluss will ich zwei ganz besonderen Menschen danken. Menschen, die mich in meiner Arbeit in den Kriegsgebieten von Kurdistan, dem Irak und Syrien unglaublich unterstützt haben. Menschen, die Übermenschliches geleistet haben und weiterhin leisten: Rosa Karim und Gunter Völker. Ohne Rosa und Gunter hätte ich niemals das leisten können, was ich seit 2014 ehrenamtlich auf die Beine gestellt habe. Rosa und Gunter sind zwei tragende Säulen für das Dach der Menschlichkeit.

Tobias Huch

EINLEITUNG

Mit der durch Tobias Huch besorgten Übersetzung der *Jefferson-Bibel* ist nun endlich ein historisch wie philosophisch eminent wichtiges Werk auf Deutsch erhältlich. Jeffersons Text spielte zu Anfang des 19. Jahrhunderts in den USA eine gewaltige Rolle.[1] Er hat uns aber auch hier und heute noch viel zu sagen. Denn was Thomas Jefferson (1743–1826) tat und was dies bedeutet, ist zweierlei. Schnell erzählt und unstrittig ist, dass er die Schriften des Neuen Testaments zusammenkürzte auf eine Erzählung des Lebens und der moralischen Kernbotschaft Jesus von Nazareths, abzüglich aller Berichte von übernatürlichen Ereignissen. Komplizierter und umstritten ist dagegen, was Jefferson damit ins Werk setzte.

Jeffersons Redigieren der Evangelien muss vor dem ideengeschichtlichen Hintergrund seiner Zeit verstanden werden. Spätestens seit den religionsphilosophischen Schriften von Baruch de Spinoza (1632–1677) war es in Europa durchaus üblich, die Religion mit philosophischen Mitteln einer moralischen Auslese zu unterziehen.[2] Niemand Geringerer als Immanuel Kant (1724–1804) etwa legte die Bibel ähnlich, »innerhalb der Grenzen der bloßen Vernunft«, auf ihre moralische Kernbotschaft hin aus.[3] Der Zeitgeist der Aufklärung, verdichtet in Kants Aufruf zum Mut, sich des eigenen Verstandes zu bedienen, begünstigte eine rationale Auslegung der Glaubenswahrheiten. Doch damals wie heute regte sich auch Widerstand dagegen, dass jemand Hand an einen Text legte, der, dem Glauben vieler Menschen zufolge, wenn nicht geradezu vom Heiligen Geist diktiert, so doch wenigstens inspiriert war. Darf ein Mensch sich zum Richter über Gottes Wort aufschwingen?

Diese Frage stellt sich ähnlich in allen Buchreligionen. Antworten ließe sich zunächst, dass wir überhaupt keine andere Alternative haben: Von den ersten Chronisten des göttlichen Wortes über die Redaktoren der heiligen Schriften und die heutigen Übersetzer, die jene Texte in andere Sprachen übertragen oder fortlaufend dem aktuellen Sprachgebrauch anpassen, bis hin zu editorischen Kommentatoren – stets tritt der menschliche Geist nicht nur als passiver Empfänger, sondern als aktiver Interpret von Offenbarung auf. Zu einer Botschaft gehören eben nicht nur Sender, sondern auch Personen, die sie zu lesen bzw. zu hören verstehen. Die Verständnisbedingungen der Empfänger sind Teil der Übermittlung. Demnach wäre Jeffersons Textredaktion möglicherweise nur dem Grad, aber nicht der Art nach von solchen gewöhnlichen Aneignungsleistungen verschieden.

Aber eine solche Erklärung scheint doch zu kurz zu greifen und weder zu treffen, was religiösen Kritikern negativ aufstößt, noch was Jefferson selbst positiv erreichen wollte. Er hat seine Auslegung der Bibel ja nicht als Dienst am überlieferten Text, sondern an einer von jenem Text separaten Sache verstanden: Damit aber wird das Mitzuteilende über das Mitgeteilte gestellt. Jefferson glaubte, salopp gesagt, da er ihren Geist erfasst habe, die Buchstaben des biblischen Texts verändern zu dürfen. Und es ist diese Annahme, die vielen bis heute als unerhörte Anmaßung erscheint.

Jefferson, falls wir ihn dazu befragen könnten, würde wohl sagen, dass seine Fokussierung der Evangelien auf ihre moralische Kernbotschaft deren innerstem Anliegen diene; durch den Abrieb unedler Stoffe verhelfe er dem eigentlichen Edelmetall des christlichen Glaubens zu neuem Glanz. Umgekehrt würden seine Gegner behaupten, durch die Verkürzung auf Moral habe Jefferson die menschliche Vernunft über den Glauben erhoben und so die christliche Religion erniedrigt. Wer hat recht?

Die Antwort hat unmittelbare Relevanz für unser Leben heute. Wenn etwa einige Muslime im Mittleren Osten sich berufen fühlen, Anders- und Nichtgläubige zu töten, und umgekehrt andere Muslime weltweit die Pflicht und das Recht zu solchen Taten im Namen ihrer Religion bestreiten; wenn einige christliche Gruppen in den USA Abtreibungsbefürworter attackieren und andere Christen sich aufgrund ihres Glaubens dem entgegensetzen; wenn israelische Juden darüber uneins sind, ob ihre Religion einen separatistischen oder integrativen Umgang mit ihren palästinensischen Mitbürgern verlangt – in all diesen Fällen liegt das Problem im ungeklärten Spannungsfeld von Religion und Moral. Darf die Ethik dem Glauben Grenzen ziehen oder muss umgekehrt die Moral der Religion Folge leisten?

Angesichts der Gräueltaten religiöser Fanatiker, welche selbst grundlegendste moralische Gebote – wie *Du sollst nicht töten!* – außer Kraft setzen, fühlen sich heute zusehends mehr Menschen zu einer Haltung hingezogen, die man als *säkularen Fundamentalismus* bezeichnen könnte: Sie versuchen, jegliche Beimengung von Religion und Glauben im öffentlichen Leben zurückzudrängen.

Vordenker dessen war August Comte (1798–1857). Ihm zufolge befindet sich die Menschheit auf einem Pfad der räumlichen wie geistigen Erweiterung, der letztlich von der Religion wegführt. Mit der Zeit verlassen menschliche Gemeinschaften ihre lokalen Ursprünge und weiten ihre Lebenskreise übers Regionale und Nationale bis ins Globale aus. Ebenso das menschliche Denken: Anfangs ist es befangen: abergläubisch, an Lokalgottheiten gebunden. Mit jedem Schritt in die räumliche Weite geht aber eine intellektuelle Horizonterweiterung einher. Die Religionen hätten dabei zunächst einen durchaus wichtigen moralischen Schritt über Sippe und Clan hinaus dargestellt. Den nächsten Schritt auf dem Weg zur geistigen Weite unternahm dann aber die Metaphysik, welche die Vernunft zum Interpreten des Glaubens machte – und der letzte Schritt der Menschheit liege in der Emanzipation des Denkens durch die Wissenschaft. Erst mit ihr sei eine streng universale sowie säkulare Grundlage geschaffen, auf der die Menschheit eine ihrer globalisierten Lebenssituation angemessene Ethik errichten könne. So sei auch erst mit der Ära der Aufklärung das Zeitalter der Menschenrechte gekommen.

Damit ist der *säkulare Fundamentalismus* das Gegenstück zum *religiösen Fundamentalismus*. Dieser behauptet, das moralisch Richtige ergebe sich aus dem Glauben allein, während jener vertritt, man erreiche es nur in der Abkehr von der Religion. Klarerweise ist also Jeffersons Bibel religiösen Fundamentalisten ein Dorn im Auge. Aber sollte man sie darum schon dem säkularen Fundamentalismus zurechnen?

Ich hielte dies für überzogen, gibt es doch eine dritte Alternative, die zwischen diesen Extremen eine gesunde Mittelposition formuliert und mit der sich Jeffersons Unterfangen meines Erachtens besser erfassen lässt. Es liegt viel daran, dass wir diese Mittelposition genau in den Blick bekommen, weil wir uns (nur) von ihr eine tragfähige Befriedung des Spannungsfeldes von Religion und Ethik versprechen dürfen. Dazu müssen wir sowohl religiöse wie säkulare Fundamentalisten in die Schranken weisen.

Gegen den religiösen Fundamentalismus spricht natürlich viel. Aber gegen alles, was ›von außerhalb‹ ihres Glaubens formuliert wird, immunisieren sich religiöse Fanatiker zumeist, indem sie ihren eigenen Glauben gar nicht erst infrage beziehungsweise argumentativ zur Probe stellen. Insofern muss die entscheidende Begrenzung ›von innen‹ kommen. Das gelänge, wenn eine fundamentalistische Haltung nicht nur der pluralistischen Gesellschaft und ihrer säkularen Rechtsordnung, sondern auch der Idee der Religion selbst zuwider wäre. Religiösen Fanatikern müsste also gezeigt werden, dass eine auch über moralische Normen sich hinwegsetzende Verabsolutierung ihres religiösen Standpunktes *schon diesem selbst* zuwider ist.

Das entscheidende Argument lautet: Wer religiöse Botschaften als Zeichen mit zweistelliger Bedeutungsfunktion – hier das Zeichen, dort das Bezeichnete – ansieht, missversteht sie. Heilige Schriften funktionieren nicht wie Verkehrszeichen, die eine eindeutige Bedeutung haben, gleich geltend für und gleichgültig gegen jeden Betrachter. Beim Stoppschild an der Kreuzung gilt: Eine individuelle Deutung derselben ist so überflüssig wie unerwünscht. Beim Bild vom Gekreuzigten aber ist das anders.

Religion kommuniziert nämlich dreistellig: über Symbole, bei denen in die Mitte zwischen das Zeichen und das Bezeichnete die Gläubigen eintreten. Ohne sie als Interpreten wird der Bedeutungsfluss vom Zeichen zu Bezeichnetem unterbrochen und kein spiritueller Funke übertragen. Nur durch die interpretativen Vermittlungsleistungen der Gläubigen hindurch fließt religiöser Strom. Der religiöse Fundamentalist vereitelt also sein erklärtes Anliegen, den einzig wahren Glauben zu verbreiten, wenn er anderen Menschen versagt, was ihn persönlich religiös elektrisiert. Er selbst kann nämlich die Wahrheit seines Bekenntnisses nur auf eine Weise erfassen, die er, sofern er seine Mitmenschen denn tatsächlich zum *Glauben* führen will, ihnen ebenfalls zugestehen muss. Diejenigen, die er bekehren will, werden nur auf je individuelle Weise – oder niemals – sich die Botschaft religiöser Symbole aneignen.

Kurz: Während Verkehrszeichen in ›blindem Gehorsam‹ befolgt werden können, erfordern religiöse Symbole ›sehenden Gehorsam‹: Ihre Verbindlichkeit entsteht erst im persönlichen Aneignungsakt, und sie artikuliert sich jeweils in der Sprache und den Bildern der beteiligten Individuen, in den kulturell eingefärbten Denkmustern ihrer jeweiligen Lebenswelten. Daher widersprechen sich die *Einzigartigkeit* religiöser Wahrheit im Innenleben und die *Pluralität* ihrer äußeren Ausdrucksformen keineswegs, sondern Erstere bedingt Letztere. Somit entspricht der weltanschauliche Pluralismus offener Gesellschaften dem Wesen von Religion, und deshalb sind intolerante Religionsausübung und Fundamentalismus irreligiös. In der Forderung nach Toleranz werden spirituelle Menschen in ihrer religiösen Freiheit bestätigt, nicht beschnitten.[4]

Die Lektion daraus ist, dass nicht immer diejenigen den wahren Kern einer Religion artikulieren, die sich am lautesten gebärden. Im Gegenteil: Wie Religion in der Welt sich zu erkennen gibt (d.h. ihr Erscheinungsbild; griechisch *phainomenon*), bedarf einer ständigen Kritik ›von innen‹ (aus ihrem Begriff; griechisch *noumenon*) heraus.[5] Nur so bleibt Religion auf Dauer ihrem Wesen treu und verkommt nicht zu Fanatismus und Sektiererei. Wer daher, wie Jefferson, die moralischen Kernbotschaften einer Religion herauspräpariert, schadet dem Glauben nicht, er stärkt ihn vielmehr. Also ist der *religiöse Fundamentalismus* mit Fug und Recht in Schranken zu weisen.

Wie aber sieht es mit dem *säkularen Fundamentalismus* aus, der behauptet, dass Religion stets einen Affront gegen die menschliche Vernunft darstellt und moralischen Fortschritt behindert anstatt ihn zu begünstigen? Dazu ein Gegenbeispiel: Bereits 250 Jahre vor der Französischen Erklärung der Menschenrechte (1789) wurden in der dominikanischen »Schule von Salamanca« Menschenrechtskataloge verfasst. Ihre Autoren waren Mönche wie Francisco de Vitoria (1483–1546) und Domingo de Soto (1494–1560), die mit Blick auf die in ihren Augen zu Unrecht unterdrückten Bewohner Lateinamerikas für die Menschenrechte aller Erdbürger eintraten. Hier formulierten also Christen Schutzrechte für Nichtchristen, und zwar aus ihrem eigenen Glauben heraus. Und diese Theorien inspirierten dann – auf dem Weg über die Naturrechtslehren von Hugo Grotius (1583–1645) und Samuel Pufendorf (1632–1694) – die spätere, säkulare Formulierung der Menschenrechte in Frankreich.[6]

Was hieran deutlich wird, trifft nach den Forschungen von Professor Hans Küng und des von ihm begründeten »Projekt Weltethos« durchweg zu: Religionen traten vielfach als Vorreiter moralischer Innovationen auf und verhalfen ethischen Grundsätzen zu weltweiter Anerkennung. Dabei stimmen die großen Weltreligionen zudem in ihren wesentlichen Werten und Prinzipien moralisch überein. So findet sich etwa die ›Goldene Regel‹ (*Was du nicht willst, das man dir tu, das füg auch keinem anderen zu!*) nahezu wörtlich sowohl in den Offenbarungsreligionen des Mittleren Ostens (Judentum, Christentum, Islam, Bahai) als auch in den Weisheitstraditionen Chinas (Konfuzianismus, Daoismus) und im spirituellen Leben Indiens (Hinduismus, Buddhismus, Jainismus). Das gilt übrigens ebenso für die Werte der Gegenseitigkeit, Friedfertigkeit, Partnerschaft und der Gerechtigkeit.[7]

Die Rolle der Religion bei der Hervorbringung und Stabilisierung von Werten sollte daher auch von säkularer Warte aus anerkannt werden. Auch Atheisten und Agnostiker tun gut daran, die *practical wisdom* der spirituellen Traditionen zu achten, hilft sie doch nicht nur gläubigen Menschen bei der Führung eines anständigen Lebens.[8] Daher gibt es auch für ganz und gar säkular orientierte Menschen gute Gründe, Religionsgemeinschaften mit Respekt und Toleranz zu begegnen.

Kurz: Sowohl der spirituelle wie der säkulare Fundamentalismus greifen zu kurz. Das lässt Platz für eine Position der Mitte, welche die Leistungen der Religionen für die Herausbildung moralischer Werte anerkennt und umgekehrt in der säkularen Aneignung und Begründung dieser Werte keinen Angriff auf religiöse Bekenntnisse wittert. Und in genau diesem Sinne, meine ich, war, was Jefferson unternommen hat, von bleibender Bedeutung. Jeffersons Bibel beschreitet diesen dritten Weg: Sie verdeutlicht Nichtchristen die moralischen Glanzleistungen der christlichen Schriften und hilft zugleich Christen dabei, den ethischen Wesenskern ihres eigenen Bekenntnisses nicht aus den Augen zu verlieren. Jefferson macht damit aus seiner Tradition heraus ein Angebot zum Dialog über ein für alle Menschen verbindliches und sie dadurch zugleich verbindendes Ethos. Dieser Dialog muss von allen Zivilisationen und Traditionen geführt und bereichert werden. Nur so kann sich über Zeit ein echtes Weltethos behaupten, von dem her die Menschheit die Probleme, die sich ihr gemeinsam stellen, gemeinschaftlich lösen kann. Weil Jeffersons Text sowohl Gläubige als auch Andersgläubige und Nichtgläubige zu eben einem solchen Dialog befähigt, ist er so wichtig und die von Tobias Huch besorgte deutsche Ausgabe so verdienstvoll.

Prof. Dr. Claus Dierksmeier

Anmerkungen

1 Siehe auch: James Altschul, »The Religion of Thomas Jefferson«, *Rice Historical Review* 2, Spring (2017).

2 Ronald Beiner, *Civil Religion: A Dialogue in the History of Political Philosophy* (New York: Cambridge University Press, 2010).

3 Immanuel Kant, *Die Religion innerhalb der Grenzen der bloßen Vernunft*, Zweyte vermehrte Auflage. (Königsberg: Bey Friedrich Nicolovius, 1794). Näher dazu: Claus Dierksmeier, *Das Noumenon Religion: Eine Untersuchung zur Stellung der Religion im System der praktischen Philosophie Kants*, Kantstudien-Ergänzungshefte 133 (Berlin; New York: Walter de Gruyter, 1998).

4 Claus Dierksmeier, *Qualitative Freiheit: Selbstbestimmung in weltbürgerlicher Verantwortung* (Bielefeld: transcript, 2016).

5 Dierksmeier, *Das Noumenon Religion.*

6 Francisco de Vitoria, Ernest Nys, John Pawley Bate, Johann Georg Simon and Herbert F. Wright, *Francisci De Victoria De Indis Et De Ivre Belli Relectiones, Classics of International Law,* (Washington: The Carnegie Institution of Washington, 1917). A. Pillet, *Les Fondateurs Du Droit International*, Leurs Œuvres, Leurs Doctrines (Paris: V. Giard & E. Brière, 1904).

7 Hans Küng, Günther Gebhardt, Stephan Schlensog, *Handbuch Weltethos: Eine Vision und ihre Umsetzung*, (München; Zürich: Piper, 2012).

8 André Habisch, Claudius Bachmann, »Empowering Practical Wisdom from Religious Traditions: A Ricoeurian Approach«, *International Journal of Corporate Social Responsibility* 1.1 (2016).

DAS LEBEN UND DIE MORAL DES JESUS VON NAZARETH

von

Thomas Jefferson

KAPITEL I

1. Zu jener Zeit geschah es, dass Kaiser Augustus eine Volkszählung anordnete, bei der alle Steuerzahler erfasst werden sollten.

2. Diese Volkszählung wurde zum ersten Mal durchgeführt, als Quirinius Statthalter in Syrien war.

3. Jeder machte sich auf, um sich in seiner Heimatstadt erfassen zu lassen.

4. So machte sich auch Josef aus Galiläa, der aus Nazareth stammte, auf den Weg nach Judäa, nach Bethlehem, der Stadt Davids, denn er stammte vom Geschlecht Davids ab,

5. Um gemeinsam mit seiner schwangeren Frau Maria an der Zählung teilzunehmen.

6. Und so kam es, dass Marias Wehen einsetzen, als sie sich dort aufhielten.

7. Und sie gebar ihren ersten Sohn, wickelte ihn und legte ihn in eine Krippe, weil in der Unterkunft kein Platz für sie war.

8. Nach den üblichen acht Tagen wurde das Kind beschnitten und Jesus genannt.

9. Und nachdem sie all ihren religiösen Pflichten nachgekommen waren, kehrten sie wieder nach Nazareth in Galiläa zurück.

10. Das Kind wuchs heran, sein Geist wurde stark, und es erwies sich als sehr klug. Und Gott war ihm wohlgesonnen.

11. Als der Junge zwölf Jahre alt war, zogen seine Eltern mit ihm nach Jerusalem, um nach dem Brauch das Fest zu feiern.

12. Nach den Feierlichkeiten begaben sich die Eltern wieder auf die Heimreise, aber Jesus blieb ohne ihr Wissen in Jerusalem zurück.

13. Die Eltern nahmen an, er sei unter der Pilgergruppe, und suchten nach der ersten Tagesreise unter ihren Verwandten und Bekannten nach ihm.

14. Doch sie konnten ihn nirgends finden. Deshalb kehrten sie zurück nach Jerusalem und suchten nach Jesus.

15. Nach drei Tagen entdeckten sie ihn schließlich im Tempel, wo er mitten unter den Lehrern saß, ihnen aufmerksam zuhörte und ihnen Fragen stellte.

16. Und alle, die ihm zuhörten, waren erstaunt über seinen Verstand und seine Antworten.

17. Die Eltern waren verblüfft, als sie ihn sahen, und seine Mutter sprach ihn an: Mein Sohn, warum hast du uns das angetan? Schau, dein Vater und ich waren voller Sorge und haben dich überall gesucht!

18. So verließ Jesus mit seinen Eltern Jerusalem und reiste mit ihnen zurück nach Nazareth, und zeigte sich fügsam.

19. Jesus wuchs weiter heran und wurde immer weiser.

20. Im 15. Jahr der Herrschaft des Kaisers Tiberius, als Pontius Pilatus in Judäa regierte, als Herodes Landesfürst von Galiläa war und dessen Bruder Philippus Landesfürst von Ituräa und der Region Trachonitis, als Lysanias Landesfürst von Abilene war

21. Und als Hannas und Kaiphas Hohepriester waren,

22. Da taufte Johannes Menschen in der Wildnis.

23. Johannes trug einen Mantel aus Kamelhaar und einen Ledergürtel um die Lenden, und er ernährte sich nur von Heuschrecken und wildem Honig.

24. Die Menschen aus Jerusalem, aus ganz Judäa und aus allen Ländern entlang des Jordans suchten ihn dort auf

25. Und ließen sich von ihm im Jordan taufen.

26. So kam damals auch Jesus von Galiläa aus zu Johannes an den Jordan, um sich von ihm taufen zu lassen.

27. Zu dieser Zeit war Jesus ungefähr 30 Jahre alt.

28. Anschließend reiste er mit seiner Mutter, seinen Brüdern und seinen Schülern nach Kapernaum, doch sie hielten sich dort nicht lange auf,

29. Denn das Pessahfest rückte näher. Deshalb zogen sie weiter nach Jerusalem.

30. Dort angekommen, traf Jesus im Tempel die Händler an, die dort ihre Rinder, Schafe und Tauben verkauften, und Wechsler, die ihre Geschäfte abwickelten.

31. Da fertigte Jesus eine Peitsche aus Stricken an und vertrieb sie damit allesamt aus dem Tempel, samt den Schafen und Rindern, warf das Geld der Wechsler auf den Boden und stieß die Tische um,

32. Und zu den Taubenhändlern sagte er: Tragt all das weg und macht nicht meines Vaters Haus zum Kaufhaus!

33. Später zog Jesus mit seinen Jüngern ins Land Judäa weiter, hielt sich dort eine Weile auf und taufte die Menschen.

34. Als ihn die Nachricht erreichte, dass Johannes im Gefängnis saß, begab er sich unverzüglich zurück nach Galiläa.

35. Herodes hatte ihn auf Wunsch von Herodias, der Frau seines Bruders Philippus, verhaften lassen. Diese hatte er zuvor geheiratet.

36. Denn Johannes hatte Herodes vorgeworfen: Es ist nicht recht, das du die Frau deines Bruders heiratest.

37. Herodias führte daher eine Fehde gegen ihn und wollte Johannes töten lassen, doch Herodes ließ dies nicht zu,

38. Denn er achtete Johannes als frommen und heiligen Mann; deshalb hielt er ihn in Schutzhaft. Wenn er ihm zuhörte, bewirkte Johannes vieles, und er hörte gern auf ihn.

39. Zu jener Zeit gab Herodes anlässlich seines Geburtstags ein Festmahl für seine höchsten Beamten, Heerführer und den Hofstaat von Galiläa.

40. Auf der Feier betrat die Tochter von Herodias den Raum und begann zu tanzen. Sie gefiel Herodes und seinen Tischgefährten sehr, deshalb sprach Herodes zu ihr: Bitte, worum du willst, ich werde es dir geben.

41. Er versprach ihr: Worum du mich auch bittest, ich will es dir geben, bis zur Hälfte meines Königreichs!

42. Sie ging zu ihrer Mutter und fragte sie, worum sie Herodes bitte solle. Die Mutter antwortete: Um das Haupt Johannes des Täufers.

43. Die Tochter eilte umgehend wieder vor den König und sprach: Ich will, dass du mir augenblicklich das Haupt Johannes des Täufers auf einer Schale überreichst.

44. Der König war darüber bestürzt, doch wegen seines Versprechens und im Angesicht seiner Tischgefährten sah er keinen Ausweg, als ihre Bitte zu erfüllen.

45. Also befahl Herodes auf der Stelle dem Henker, Johannes zu köpfen und ihm dessen Haupt zu bringen. Der Henker ging ins Gefängnis und enthauptete Johannes,

46. Legte sein Haupt auf eine Schale und trug diese zum König. Dieser übergab die Schale dem Mädchen, und sie trug sie zu ihrer Mutter.

47. Zu jener Zeit zogen Jesus und seine Jünger nach Kapernaum; und als Sabbat war, ging er in die Synagoge und begann zu predigen.

48. Dort war man über seine Lehre regelrecht erschüttert, denn er sprach voller Glaubhaftigkeit und Berechtigung, ganz anders als die Schriftgelehrten.

49. Einmal ging Jesus am Sabbat durch ein Kornfeld. Seine Jünger waren sehr hungrig und begannen, die Ähren auszureißen und sie zu essen.

50. Als die Pharisäer dies sahen, warfen sie Jesus vor: Was deine Jünger da tun, ist am Sabbat nicht erlaubt!

51. Da entgegnete Jesus ihnen: Habt ihr nicht gelesen, was David tat, als er und seine Begleiter Hunger litten?

52. Er ging ins Haus Gottes und aß die Schaubrote, obwohl weder er noch seine Gefährten davon essen durften, sondern nur die Priester!

53. Und habt ihr nicht die Gesetze gelesen, nach denen Priester im Tempel, die am Sabbat den Sabbat missachten, dennoch als unschuldig gelten?

54. Sodann machte Jesus sich auf Weg und ging zu ihrer Synagoge.

55. Dort traf er auf einen Menschen, der eine verkümmerte Hand hatte. Um einen Grund zu finden, Jesus verklagen zu können, fragten sie ihn: Ist es denn erlaubt, am Sabbat zu heilen?

56. Aber Jesus entgegnete: Wer von euch würde sein einziges Schaf, wenn es am Sabbat in eine Grube stürzt, nicht packen und herausziehen?

57. Und wie viel mehr wert ist ein Mensch als ein Schaf! Deswegen darf man am Sabbat sehr wohl Gutes tun.

58. Weiter sprach er: Der Sabbat ist um der Menschen willen gemacht, nicht der Mensch um des Sabbats willen!

59. Daraufhin zogen sich die Pharisäer zurück und beratschlagten, wie sie Jesus ermorden könnten.

60. Als Jesus davon erfuhr, begab er sich sofort auf die Flucht, und eine große Zahl Menschen folgte ihm.

61. Und es geschah zu dieser Zeit, dass er auf einen Berg stieg, um zu beten, und er vertiefte sich die ganze Nacht ins Gebet zu Gott.

62. Am nächsten Morgen rief er seine Jünger zu sich und wählte zwölf von ihnen aus, die er zu seinen Aposteln ernannte:

63. Simon, den er auch Petrus nannte; Andreas, dessen Bruder; Jakobus und Johannes; Philippus und Bartholomäus;

64. Matthäus und Thomas; Jakobus, den Sohn des Alphäus, und Simon, auch Zelot genannt;

65. Judas, den Sohn des Jakobus; und Judas Iskariot, der später zum Verräter wurde.

66. Jesus stieg mit ihnen vom Berg hinab und ging auf ein ebenes Feld. Dort war eine große Zahl seiner Anhänger versammelt, eine beträchtliche Volksmenge aus ganz Judäa, aus Jerusalem und aus dem Küstengebiet von Tyrus und Sidon, um ihn sprechen zu hören.

KAPITEL II

1. Als er sah, wie viele Menschen es waren, stieg Jesus auf einen Berg und setzte sich inmitten seiner Jünger.

2. Er begann, seine Lehre zu verkünden, und sprach:

3. Selig sind die geistig Armen, denn ihnen gehört das Himmelreich.

4. Selig sind die Leidtragenden, denn sie sollen getröstet werden.

5. Selig sind die Sanftmütigen, denn ihnen wird die Welt gehören.

6. Selig sind die, die nach Gerechtigkeit hungern und dürsten, denn ihr Hunger und ihr Durst sollen gestillt werden.

7. Selig sind die Barmherzigen, denn ihnen wird Barmherzigkeit widerfahren.

8. Selig sind die, die reinen Herzens sind; denn sie werden Gott begegnen.

9. Selig sind die Friedfertigen, denn sie werden Gottes Kinder genannt werden.

10. Selig sind die, die ihrer Gerechtigkeit wegen verfolgt werden, denn ihrer ist das Himmelreich.

11. Selig seid ihr, wenn euch die Menschen meinetwegen schmähen und verfolgen, wenn sie schlecht über euch reden und lügen.

12. Seid frohen Mutes und voll Trost; denn ihr werdet im Himmel reichlich belohnt werden. Denn auf dieselbe Weise haben sie vor euch bereits die Propheten verfolgt.

13. Aber wehe euch Reichen! Denn ihr habt euren Trost schon gehabt.

14. Und wehe euch, die ihr jetzt satt seid! Weil ihr hungern werdet. Und wehe euch, die ihr nun lacht! Denn ihr werdet weinen und klagen.

15. Wehe euch, wenn euch alle nach dem Mund reden. Dasselbe haben ihre Väter mit den falschen Propheten getan.

16. Ihr seid das Salz der Erde. Wenn aber das Salz nicht mehr salzt, womit soll man dann salzen? Es ist zu nichts mehr zu gebrauchen, außer es wegzuschütten und von den Leuten zertreten zu lassen.

17. Ihr seid das Licht der Welt. Eine Stadt, die auf dem Berg liegt, kann nicht verborgen bleiben.

18. Man entzündet ja auch kein Licht und stellt es unter den Scheffel, sondern man stellt es auf einen Leuchter; so leuchtet es für alle, die im Haus sind.

19. Lasst euer Licht vor den Menschen erstrahlen, damit sie eure guten Werke erkennen und euren Vater im Himmel preisen können.

20. Ihr dürft nicht denken, ich wäre gekommen, um das Gesetz oder die Propheten zu stürzen; ich bin nicht gekommen um sie aufzulösen, sondern um sie zu erfüllen!

21. Denn wahrlich, ich sage euch: Bis Himmel und Erde vergehen, wird nicht der kleinste Buchstabe vergehen noch ein Tüpfelchen vom Gesetz, ehe alles geschieht.

22. Wer nun selbst eines der geringsten Gebote für ungültig erklärt und die Leute dies lehrt, der wird im Himmelreich der Kleinste sein; wer das Gebot aber achtet und dies lehrt, der wird im Himmelreich groß genannt werden.

23. Denn ich sage euch: Wenn eure Gerechtigkeit nicht besser ist als die der Schriftgelehrten und Pharisäer, dann werden ihr nicht ins Himmelreich gelangen.

24. Ihr habt gehört, dass überliefert wurde: Du sollst nicht töten. Wer aber doch tötet, der muss das Urteil fürchten.

25. Ich dagegen sage euch: Wer ohne Grund Groll gegen seinen Bruder hegt, der muss das Urteil fürchten; und wer zu seinem Bruder sagt: Du Nichtsnutz!, der muss den Hohen Rat fürchten; wer aber sagt: Du Narr!, der muss das Höllenfeuer fürchten.

26. Darum: Wenn du auf dem Altar deine Opfergaben darbringen willst und dir kommt plötzlich in den Sinn, dass dein Bruder zornig auf dich ist,

27. So lasse dein Opfer vor dem Alter liegen und geh deines Weges. Versöhne dich zuerst mit deinem Bruder und bringe danach dein Opfer dar.

28. Vertrage dich mit deinem Gegner sogleich, solange du noch mit ihm auf einem gemeinsamen Wege bist, damit er dich nicht vor Gericht bringt, der Richter dich vor den Gerichtsdiener bringt und dieser dich ins Gefängnis wirft!

29. Denn ich versichere dir: Dort wirst du nicht freikommen, ehe du auch den letzten Pfennig bezahlt hast.

30. Ihr habt gehört, dass von alters her gesagt wurde: Du sollst nicht die Ehe brechen.

31. Ich aber sage euch: Wer eine Frau ansieht und sie begehrt, der hat im Herzen bereits die Ehe gebrochen.

32. Und wenn dich dein rechtes Auge zum Schlechten verführt, so reiße es heraus und wirf es weg. Denn es ist besser für dich, dass nur eins deiner Glieder verdirbt, als dass der ganze Körper in die Hölle gelangt.

33. Und wenn dich deine rechte Hand zum Schlechten verführt, dann hacke sie ab und wirf sie weg. Denn es ist besser für dich, dass nur eins deiner Glieder verdirbt, als dass der ganze Körper in die Hölle gelangt.

34. Es wurde gesagt: Wer sich von seiner Frau scheidet, der soll ihr ein Scheidungsdokument aushändigen.

35. Ich aber sage euch: Wer sich von seiner Frau scheidet – es sei denn wegen Unzucht –, der bewirkt damit, dass sie die Ehe bricht. Und wer sie als Geschiedene heiratet, der bricht die Ehe.

36. Ihr habt außerdem gehört, dass überliefert wurde: Du sollst keinen Meineid schwören, sondern deine Schwüre im Angesicht deines Herrn halten.

37. Ich dagegen sage euch: Ihr sollt überhaupt nicht schwören; weder beim Himmel, denn er ist Gottes Thron,

38. Noch bei der Erde, denn sie ist der Schemel seiner Füße; noch bei Jerusalem, denn sie ist die Stadt des Großen Königs.

39. Auch sollst du nicht bei deinem eigenen Haupt schwören, denn du vermagst nicht ein einziges Haar schwarz oder weiß zu machen.

40. Sondern eure Rede sei: Ja, ja; nein, nein. Was darüber hinausgeht, ist von Übel.

41. Ihr habt gehört, dass gesagt wurde: Auge um Auge, Zahn um Zahn.

42. Ich aber sage euch, dass ihr euch dem Übel nicht widersetzen sollt. Sondern wenn dich jemand auf deine rechte Backe schlägt, dann halte ihm auch die andere hin.

43. Und wenn jemand dir vor Gericht dein Hemd nehmen will, dann überlasse ihm auch deinen Mantel.

44. Und wenn dich jemand nötigt, eine Meile weit mitzugehen, so geh mit ihm zwei Meilen.

45. Gib dem, der dich bittet, und wende dich nicht weg von dem, der etwas von dir borgen will.

46. Ihr habt gehört, dass gesagt wurde: Du sollst deinen Nächsten lieben und deinen Feind hassen.

47. Ich aber sage euch: Liebt eure Feinde, segnet die, die euch beschimpfen, seid gut zu denen, die euch hassen, und bittet für die, die euch missbrauchen und verfolgen,

48. Damit ihr die Kinder eures Vaters im Himmel seid. Denn er lässt seine Sonne über Gut und Böse aufgehen und lässt es regnen über Gerechte und Ungerechte.

49. Denn wenn ihr nur die liebt, die euch auch lieben, was habt ihr davon für einen Lohn? Tun nicht genau das auch die Zöllner?

50. Und wenn ihr nur zu euren Brüdern freundlich seid, was tut ihr damit Besonderes? Tun nicht dasselbe auch die Zöllner?

51. Und wenn ihr nur denen etwas leiht, von denen ihr auch etwas zu bekommen erhofft, welchen Dank habt ihr davon? Denn auch die Sünder leihen den Sündern, damit sie das Gleiche zurückbekommen.

52. Liebt vielmehr eure Feinde, tut Gutes und leiht, ohne darauf zu hoffen, etwas dafür zurückzubekommen. So wird euer Lohn groß sein, und ihr werdet Kinder des Allerhöchsten sein; denn er ist gütig gegen die Undankbaren und Bösen.

53. Seid also barmherzig, so wie auch euer Vater barmherzig ist.

KAPITEL III

1. Achtet darauf, eure Wohltätigkeit nicht vor anderen Menschen auszuüben, um von ihnen gesehen zu werden; sonst erhaltet ihr keinen Lohn von eurem himmlischen Vater.

2. Wenn du also Almosen spendest, so posaune es nicht laut heraus wie die Heuchler in den Synagogen und den Gassen, um damit den Beifall der Leute zu bekommen. Wahrlich, ich sage euch: Sie haben ihren Lohn bereits gehabt.

3. Wenn du Almosen spendest, dann lass deine linke Hand nicht wissen, was die rechte tut,

4. Damit dein Almosen verborgen bleibt; dein Vater, der auch das Verborgene sieht, wird es dir vergelten.

5. Und wenn ihr betet, dann macht das nicht so wie die Heuchler, denn diese beten am liebsten stehend in den Synagogen und an den Straßenecken, damit sie von den Leuten gesehen werden. Wahrlich, ich sage euch: Sie haben ihren Lohn bereits gehabt.

6. Doch du, wenn du betest, dann geh in dein Kämmerlein, verschließe die Tür und bete zu deinem Vater im Verborgenen; dein Vater, der das Verborgene sieht, wird es dir vergelten.

7. Aber wenn ihr betet, dann wiederholt nicht so viel wie die Heiden; denn die meinen, sie werden erhört, wenn sie viele Worte machen.

8. Darum sollt ihr es denen nicht nachmachen. Euer Vater weiß, was ihr braucht, noch bevor ihr ihn darum bittet.

9. Deshalb sollt ihr so beten: Vater unser im Himmel, geheiligt werde dein Name.

10. Dein Reich komme. Dein Wille geschehe, wie im Himmel, so auf Erden.

11. Unser tägliches Brot gib uns heute.

12. Und vergib uns unsere Schuld, wie auch wir vergeben unseren Schuldigern.

13. Und führe uns nicht in Versuchung, sondern erlöse uns von dem Bösen. Denn dein ist das Reich und die Kraft und die Herrlichkeit in Ewigkeit. Amen.

14. Denn wenn ihr anderen Menschen ihre Fehler vergebt, wird euch euer himmlischer Vater auch vergeben.

15. Vergebt ihr anderen Menschen aber nicht, so wird euch auch euer Vater eure Fehler nicht vergeben.

16. Wenn ihr fastet, blickt nicht traurig drein, so wie die Heuchler; denn die verziehen ihr Gesicht, um vor den Leuten zu zeigen, dass sie fasten. Wahrlich, ich sage euch: Sie haben ihren Lohn schon gehabt.

17. Aber du, wenn du fastest, dann salbe dein Haupt und wasche dein Gesicht,

18. Damit du den Leuten nicht zeigst, dass du fastest, sondern deinem Vater, der im Verborgenen ist. Und dein Vater, der im Verborgenen sieht, wird es dir vergelten.

19. Ihr sollt auf Erden keine Schätze anhäufen, wo sie Motten und Rost zerfressen, wo Diebe einbrechen und sie stehlen.

20. Sammelt eure Schätze lieber im Himmel, wo weder Motten noch Rost sie zerfressen und wo keine Diebe einbrechen und stehlen.

21. Denn wo dein Schatz ist, da ist auch dein Herz.

22. Das Auge ist das Licht des Leibes. Wenn dein Auge rein ist, so wird auch dein ganzer Körper erleuchtet sein.

23. Ist aber dein Auge böse, so wird dein ganzer Leib finster sein. Wenn aber nun das Licht in dir Finsternis ist, wie groß wird diese Finsternis dann sein!

24. Niemand kann zwei Herren dienen; entweder wird er den einen hassen und den anderen lieben, oder er wird an dem einen hängen und den anderen verachten. Ihr könnt nicht zugleich Gott dienen und dem Mammon.

25. Deshalb sage ich euch: Sorgt euch nicht um euer Leben, darum, was ihr essen und trinken werdet; auch nicht um euren Körper und darum, was ihr anziehen werdet. Ist nicht das Leben viel mehr als Nahrung, ist nicht der Körper mehr als die Kleidung?

26. Seht die Vögel unter dem Himmel: Sie säen nicht, sie ernten nicht, sie sammeln nichts in den Scheunen; und euer himmlischer Vater ernährt sie doch. Seid ihr denn nicht viel mehr als sie?

27. Und wer ist unter euch, der seiner Lebensdauer durch sein Bemühen auch nur eine Zeitspanne hinzufügen könnte?

28. Und warum sorgt ihr euch um Kleidung? Schaut die Lilien auf dem Feld an, wie sie wachsen; sie arbeiten nicht, auch spinnen sie nicht.

29. Und doch sage ich euch, dass selbst Salomon in all seiner Herrlichkeit nicht gekleidet gewesen ist wie nur eine von ihnen!

30. Wenn nun aber Gott all das Gras auf dem Feld so kleidet, das heute wächst und schon morgen in den Ofen geworfen wird: Wird er das nicht noch viel eher für euch tun, ihr Kleingläubigen?

31. Deshalb hört auf, euch zu sorgen und zu fragen: Was werden wir essen? Was werden wir trinken? Wie sollen wir uns Kleidung beschaffen?

32. Denn nach all dem trachten die Heiden. Euer himmlischer Vater weiß, dass ihr all das benötigt.

33. Trachtet zuallererst nach dem Reich Gottes und nach seiner Gerechtigkeit. Dann wird euch all das auch zufallen.

34. Darum sorgt nicht für morgen, denn der morgige Tag wird für das Seine sorgen. Es ist genug, dass jeder Tag seine eigene Plage hat.

35. Richtet nicht, auf dass ihr nicht gerichtet werdet!

36. Denn nach demselben Recht, mit dem ihr richtet, werdet auch ihr gerichtet werden; und mit dem Maß, mit dem ihr messt, werdet ihr gemessen werden.

37. Gebt, so wird euch gegeben. Ein volles, gerütteltes und überfließendes Maß wird man in euren Schoß geben.

38. Und wieso siehst du den Splitter im Auge deines Bruders und nimmst nicht den Balken in deinem eigenen Auge wahr?

39. Wie willst du denn zu deinem Bruder sagen: Halt, ich will dir den Splitter aus deinem Auge ziehen; wenn, siehe, in deinem Auge ein Balken ist!

40. Du Heuchler, ziehe zuerst den Balken aus deinem Auge; danach erst wirst du klar sehen, sodass du den Splitter aus dem Auge deines Bruders ziehen kannst!

41. Das Heilige sollt ihr nicht den Hunden geben, und eure Perlen sollt ihr nicht vor die Säue werfen, damit sie diese nicht mit ihren Füßen zertrampeln, kehrtmachen und euch zerreißen.

42. Bittet, so wird euch gegeben; suchet, so werdet ihr finden; klopfet an, so wird euch geöffnet.

43. Denn wer da bittet, der empfängt; und wer da sucht, der findet; und wer da anklopft, dem wird geöffnet.

44. Wer ist unter euch Menschen, der seinem Sohn, wenn er ihn um Brot bittet, einen Stein gäbe?

45. Oder ihm, wenn er um einen Fisch bittet, eine Schlange gäbe?

46. Wenn aber ihr, die ihr doch schlecht seid, euren Kindern trotzdem gute Gaben geben könnt, wie viel mehr wird dann euer himmlischer Vater all denen Gutes geben, die ihn bitten!

47. All das, was ihr von den Leuten zu tun erwartet, das tut ihnen auch! Denn das ist das Gesetz und was die Propheten sagen.

48. Geht hinein durch die enge Pforte. Denn die Pforte ist weit, der Weg ist breit zur Verdammnis, und viele gehen auf ihm hinein.

49. Weil die Pforte eng und der Weg schmal ist, der zum Leben führt, und nur wenige finden ihn.

50. Hütet euch vor den falschen Propheten, die in Schafskleidern zu euch kommen, im Inneren aber reißende Wölfe sind.

51. An ihren Früchten (Taten) sollt ihr sie erkennen. Kann man von den Dornen Trauben lesen, oder Feigen von den Disteln?

52. So bringt jeder gute Baum gute Früchte; aber ein fauler Baum bringt schlechte Früchte.

53. Ein guter Baum kann keine schlechten Früchte bringen, und ein fauler Baum keine guten Früchte.

54. Jeder Baum, der keine guten Früchte trägt, wird gefällt und ins Feuer geworfen.

55. Darum: An ihren Früchten sollt ihr sie erkennen!

56. Ein guter Mensch bringt Gutes hervor aus dem Schatz seines Herzens; und ein böser Mensch bringt Böses hervor aus seinem bösen Schatz.

57. Ich aber sage euch: Alle Menschen müssen Rechenschaft ablegen am Tag des Gerichts, über jedes nichtsnutzige Wort, das sie gesagt haben.

58. Aus deinen Worten wirst du gerechtfertigt werden, und aus deinen Worten wirst du verdammt werden.

59. Deshalb: Wer diese meine Rede hört und nach ihr handelt, der gleicht einem klugen Mann, der sein Haus auf Fels baute.

60. Regen fiel und die Fluten kamen, der Sturm brauste und drückte gegen das Haus; und trotzdem stürzte es nicht ein: denn es war auf Fels gegründet.

61. Und wer diese meine Rede hört und nicht nach ihr handelt, der gleicht einem törichten Mann, der sein Haus auf Sand baute.

62. Platzregen fiel und die Fluten kamen, der Sturm brauste und drückte gegen das Haus; da stürzte es ein, und sein Einsturz war gewaltig.

63. Als Jesus seine Rede beendet hatte, war das Volk zutiefst erstaunt;

64. Denn Jesus hatte als jemand gepredigt, der eine Autorität ist, und nicht so wie die Schriftgelehrten.

KAPITEL IV

1. Als Jesus vom Berg wieder hinabgestiegen war, folgte ihm eine große Menschenmenge.

2. Und er zog ringsum durch die Dörfer und predigte:

3. Kommt alle her zu mir, die ihr mühselig und beladen seid; bei mir werdet ihr Ruhe finden.

4. Nehmt mein Joch auf eure Schultern und lernt von mir; denn ich bin sanftmütig und im Herzen demütig; so werdet ihr für eure Seele Ruhe erlangen.

5. Denn mein Joch ist sanft und meine Last ist leicht.

6. Da lud ihn einer der Pharisäer zu sich nach Hause zum Essen ein. Jesus ging in das Haus des Pharisäers und setzte sich zu Tisch.

7. Und passt auf: Zu der Zeit war gerade eine Sünderin in der Stadt. Als sie hörte, dass Jesus in dem Haus beim Essen saß, brachte sie ein Alabastergefäß mit Salböl,

8. Trat von hinten an Jesus heran und blieb dort bei seinen Füßen stehen. Sie weinte, und ihre Tränen fielen auf seine Füße. Sie trocknete seine Füße mit ihren Haaren, küsste seine Füße und salbte sie mit dem Salböl.

9. Als dies der Pharisäer sah, der Jesus eingeladen hatte, sagte er zu sich selbst: Wäre dieser Mann ein Prophet, so wüsste er, wer und von welcher Art diese Frau ist, die ihn da anrührt; denn sie ist eine Sünderin!

10. Jesus antwortete ihm, indem er ihm sagte: Simon, ich habe dir etwas zu sagen! Er entgegnete: Meister, sprich!

11. Jesus sprach: Ein Gläubiger hatte zwei Schuldner. Einer war ihm fünfhundert Silbergroschen schuldig, der andere fünfzig.

12. Als beide ihre Schulden nicht begleichen konnten, erließ er sie allen beiden. Sag mir also: Wer von ihnen wird ihn dafür nun am meisten lieben?

13. Simon antwortete: Ich denke, der, dem er am meisten erlassen hat. Jesus erwiderte: Du hast richtig geurteilt!

14. Dann wandte er sich der Frau zu und sagte zu Simon: Siehst du diese Frau? Ich bin in dein Haus gekommen; du hast mir kein Wasser für meine Füße gereicht. Aber diese Frau hat meine Füße mit ihren Tränen benetzt und sie mit ihren Haaren getrocknet.

15. Du hast mir keinen Kuss gegeben; sie aber hat, seit ich hier bin, nicht davon abgelassen, meine Füße zu küssen.

16. Du hast mein Haupt nicht mit Öl gesalbt. Sie aber hat sogar meine Füße mit Salböl gesalbt!

17. Da kamen seine Mutter und seine Brüder zum Haus und versammelten sich draußen. Sie ließen nach Jesus rufen.

18. Die vielen Leute, die um ihn herumsaßen, sprachen ihn an: Sieh, deine Mutter und deine Brüder und Schwestern verlangen nach dir!

19. Er aber entgegnete ihnen: Wer ist meine Mutter und wer sind meine Brüder und Schwestern?

20. Er blickte ringsum zu denen, die um ihn herum im Kreis saßen, und sprach sodann: Seht, das ist meine Mutter, und das sind meine Brüder und Schwestern!

21. Denn wer Gottes Willen tut, der ist mein Bruder, der ist meine Schwester, der ist meine Mutter.

22. Unterdessen kamen unzählige Menschen zusammen und drängelten sich um ihn. Da sprach Jesus zunächst zu seinen Jüngern: Hütet euch vor dem Sauerteig der Pharisäer, nämlich der Heuchelei!

23. Nichts ist verborgen, was nicht offensichtlich werden wird, und nichts ist geheim, was man nicht wissen wird.

24. Deshalb gilt: Was ihr im Dunkeln gesagt habt, das wird man im Licht hören. Und was ihr jemandem in der Kammer ins Ohr flüstert, das wird man von den Dächern verkünden.

25. Meine Freunde, ich sage euch: Habt keine Furcht vor denen, die körperlich töten, danach aber ablassen und nichts weiter tun können.

26. Ich warne euch, vor wem ihr euch mehr fürchten sollt: vor dem, der, nachdem er körperlich getötet hat, auch noch die Macht hat, seelisch zu verdammen und in die Hölle zu werfen! Ja, ich sage euch: Vor dem sollt ihr euch fürchten!

27. Verkauft man nicht fünf Sperlinge für zwei Groschen? Und trotzdem ist vor Gott nicht einer von ihnen vergessen?

28. Aber auch die Haare auf eurem Haupt sind allesamt gezählt. Deshalb fürchtet euch nicht: Ihr seid mehr wert als viele Sperlinge.

29. Da sprach ihn einer aus dem Volk an: Meister, sage meinem Bruder, er soll mit mir das Erbe teilen!

30. Jesus aber erwiderte ihm: Du Mensch, wer hat mich als Richter oder als Verteiler über euch gesetzt?

31. Und er sprach zu ihnen: Passt gut auf und nehmt euch in Acht vor all der Habgier; denn niemand lebt davon, dass er Güter im Überfluss besitzt.

32. Und er erzählte ihnen ein Gleichnis: Es war einmal ein reicher Mensch, dessen Feld hatte reiche Ernte gebracht.

33. Und er überlegte sich: Was soll ich nun tun? Ich habe keinen Platz, wo ich all meine Früchte horten kann.

34. Und er sagte sich: Folgendes will ich tun. Ich will meine Scheunen abbrechen und größere bauen, und darin will ich all mein Früchte und meine Vorräte sammeln.

35. Und zu meiner Seele will ich sagen: Liebe Seele, du hast nun einen großen Vorrat für viele Jahre; habe nun Ruhe, iss, trink und sei guten Mutes!

36. Aber Gott sprach zu ihm: Du Narr! Diese Nacht wird man deine Seele von dir fordern; und wem wird dann all das gehören, was du angehäuft hast?

37. So ergeht es dem, der Schätze für sich anhäuft, aber vor Gott nicht reich ist.

38. Und Jesus sprach zu seinen Jüngern: Deshalb sage ich euch, macht euch keine Gedanken um euer Leben, nicht darum, was ihr essen sollt, und auch nicht um euren Leib und was ihr anziehen sollt!

39. Denn das Leben ist mehr als Nahrung, und der Leib ist mehr als Kleidung!

40. Seht euch die Raben an! Sie säen nicht, sie ernten auch nicht, sie haben weder einen Keller noch eine Scheune; und Gott ernährt sie doch. Wie viel besser aber seid ihr als die Vögel?

41. Und wer ist unter euch, der seiner Lebenslänge durch Bemühungen auch nur eine kurze Spanne hinzufügen könnte?

42. Wenn ihr aber auch das Allergeringste nicht vermögt, wieso sorgt ihr euch dann um all das andere?

43. Seht die Lilien an, wie sie wachsen. Sie quälen sich nicht, sie spinnen nicht; aber ich sage euch, dass selbst Salomo in all seiner Herrlichkeit nicht gekleidet gewesen ist wie auch nur eine einzige von ihnen.

44. Wenn aber Gott das Gras schon so kleidet, das heute wächst und morgen in den Ofen geworfen wird, wie viel besser wird er dann euch kleiden, oh, ihr Kleingläubigen!

45. Darum fragt euch nicht ständig, was ihr essen oder trinken sollt, und zweifelt nicht.

46. Nach alldem trachten die Heiden in der Welt. Euer Vater aber weiß genau, was ihr benötigt.

47. Trachtet besser nach seinem Reich; dann werden euch all diese Dinge zufallen.

48. Fürchte dich nicht, du kleine Herde! Denn euer Vater hat Gefallen daran, euch das Reich zu geben!

49. Verkauft das, was ihr habt, und gebt Almosen! Ihr braucht nur Beutel, die nicht lange halten; einem Schatz im Himmel, der immer verlässlich ist, wo kein Dieb hingelangt und wo ihn keine Motten fressen.

50. Denn wo euer Schatz ist, da wird auch euer Herz sein.

51. Lasst eure Lenden umgürtet sein und lasst eure Lichter brennen,

52. Und macht es so wie die Menschen, die auf ihren Herrn warten, bis er von der Hochzeit zurückkehrt, damit sie ihm sogleich die Türe öffnen, wenn er ankommt und anklopft!

53. Selig sind die Knechte, die der Herr wach vorfindet, wenn er zurückkehrt.

54. Wahrlich, ich sage euch: Er wird sich schürzen und sie zu Tisch bitten, er wird zu ihnen kommen und ihnen dienen.

55. Und wenn er in der zweiten oder dritten Nachtwache zurückkehrt und sie so vorfindet: Gesegnet seien sie.

56. Das eine sollt ihr aber bedenken: Wenn der Hausherr

wüsste, zu welcher Stunde der Dieb kommt, so ließe er ihn nicht in sein Haus einbrechen.

57. Seid auch ihr bereit! Denn der Menschensohn kommt zu einer Stunde, in der ihr nicht mit ihm rechnet!

58. Da sprach Petrus zu ihm: Herr, ist dieses Gleichnis nur für uns bestimmt oder für alle?

59. Jesus antwortete: Wer ist denn der treue und kluge Verwalter, den der Herr seinen Leuten vorsetzt, damit er ihnen zur rechten Zeit das gibt, was ihnen zusteht?

60. Selig ist der Knecht, den sein Herr seine Pflicht tun sieht, wann immer er zurückkehrt.

61. Ich sage euch: Er wird ihm die Vollmacht über alle seine Güter übertragen.

62. Wenn sich aber jener Knecht im Inneren sagt: Mein Herr kehrt noch längst nicht zurück, und fängt dann an, die Knechte und Mägde zu schlagen, selbst zu essen und sich zu besaufen,

63. Dann wird der Herr dieses Knechtes eines Tages zurückkehren, wenn er es nicht erwartet, zu einer Stunde, die er nicht kennt, und wird ihn in Stücke hauen lassen.

64. Und der Knecht, der den Willen seines Herrn kennt, ihn aber nicht erfüllt und sich nicht vorbereitet, der wird viele Schläge erleiden müssen.

65. Wer jedoch den Willen aber nicht kennt und etwas getan hat, wofür er Schläge verdient, der wird wenige Schläge erleiden. Denn wem viel gegeben ist, bei dem wird man viel suchen; und wem man viel anvertraut hat, von dem wird man umso mehr verlangen.

66. Jesus sprach sodann zu der Menge: Wenn ihr von Westen her eine Wolke aufsteigen seht, wisst ihr sogleich: Es wird Regen geben. Und so geschieht es auch.

67. Und wenn der Südwind weht, so wisst ihr: Es wird heiß werden. Und so geschieht es.

68. Ihr Heuchler! Über das Aussehen der Erde und des Himmels vermögt ihr zu urteilen, aber nicht über diese Zeit?

69. Ja, und warum urteilt ihr nicht von euch selbst aus, was rechtens ist?

70. Denn wenn du mit deinem Gegner vor Gericht ziehst, dann bemühe dich noch auf dem Weg dorthin, dich mit ihm zu vergleichen und von ihm loszukommen, damit er dich nicht vor den Richter bringt, der Richter dich zum Gerichtsdiener und der Gerichtsdiener dich nicht ins Gefängnis wirft!

71. Ich sage dir: Du wirst dort nicht wieder herauskommen, ehe du den allerletzten Heller bezahlt hast!

KAPITEL V

1. Einige Leute berichteten Jesus zu dieser Zeit von Galiläern, deren Blut Pilatus mit dem ihrer Opfertiere vermischt hatte.

2. Jesus antwortete ihnen: Meint ihr, dass diese Galiläer mehr gesündigt haben als andere Galiläer, weil ihnen dies widerfahren ist?

3. Ich sage euch: Nein. Aber wenn ihr nicht Buße tut, werdet ihr auch so umkommen.

4. Oder die 18 Menschen, die vom eingestürzten Turm in Siloah erschlagen wurden, meint ihr, dass diese größere Sünder waren als die anderen Einwohner von Jerusalem?

5. Ich sage euch: Nein. Wenn ihr nicht Buße tut, werdet ihr auch so umkommen.

6. Er erzählte auch folgendes Gleichnis: Jemand hatte einen Feigenbaum auf seinem Weinberg gepflanzt. Als er den Baum nach Früchten absuchte, fand er keine.

7. Da sprach er zu seinem Weingärtner: Seit drei Jahren komme ich her und suche an diesem Feigenbaum nach Früchten, doch ich finde keine. Also fälle ihn! Wozu soll er dem Boden die Kraft rauben?

8. Der Weingärtner aber sprach: Herr, warte noch dieses Jahr ab, bis ich ihn umgegraben und gedüngt habe;

9. Vielleicht trägt er ja doch noch Früchte! Wenn nicht, fälle ihn danach.

10. Und als Jesus noch redete, bat ihn ein bestimmter Pharisäer, mit ihm gemeinsam zu essen. Also ging er in sein Haus und setzte sich zu Tisch.

11. Der Pharisäer sah dies und wunderte sich, dass Jesus sich nicht vor dem Hinsetzen gewaschen hatte.

12. Da entgegnete Jesus ihm: Ihr Pharisäer, ihr haltet die Becher und Schüsseln außen rein; aber euer Inneres ist voll Gier und Bosheit.

13. Ihr Narren! Hat nicht derselbe, der das Äußere geschaffen hat, auch das Innere geschaffen?

14. Darum gebt doch das, was ihr habt, als Almosen! Und seht, dann erscheint euch alles rein.

15. Wehe euch Pharisäern! Ihr gebt den Zehnten von der Minze, der Raute und allerlei anderem Gemüse, aber am Recht und an der Liebe Gottes geht ihr vorbei. Aber man soll nicht dieses tun und jenes lassen!

16. Wehe euch Pharisäern! Ihr sitzt gern auf den Ehrenplätzen in den Synagogen und habt es gern, wenn ihr auf dem Markt gegrüßt werdet.

17. Wehe euch! Ihr seid wie die verdeckten Gräber, über welche die Leute schreiten, ohne es zu wissen.

18. Da erwiderte einer der Rechtsgelehrten: Meister, mit diesen Worten schmähst du uns ebenfalls.

19. Jesus aber antwortete ihm: Wehe auch euch Rechtsgelehrten! Denn ihr bürdet den Menschen unerträgliche Lasten auf, aber ihr selbst tragt kein Stück davon.

20. Wehe euch Rechtsgelehrten! Denn ihr habt den Schlüssel zur Erkenntnis an euch genommen, aber ihr seid selbst nicht eingetreten und habt diejenigen, die dabei waren einzutreten, dabei behindert.

21. Als Jesus aufstand und von dort wegging, begannen die

Schriftgelehrten und Pharisäer, ihn mit Fragen zu bedrängen und wollten ihn dazu bringen, über vieles zu sprechen,

22. Ihm auflauernd, um ihn bei irgendetwas, das er sagen würde, zu ertappen.

23. Später am selben Tag begab sich Jesus an die Küste und setzte sich hin.

24. Bald schon versammelte sich eine große Menschenmenge um ihn, sodass er ein Boot bestieg, während alles Volk am Ufer stand.

25. Und er erzählte ihnen viele Dinge in Gleichnissen. Er sprach: Seht, einst ging ein Sämann aus, um zu säen.

26. Und während er die Saat ausbrachte, fielen einige Samen auf den Weg; da kamen Vögel und fraßen sie auf.

27. Einige Samen fielen auf felsigen Boden, wo nicht viel Erde war, und gingen bald auf, weil der Erdboden nicht tief reichte.

28. Als aber die Sonne aufging, verwelkten die Keimlinge, und weil sie keine Wurzeln hatten, verdorrten sie rasch.

29. Einige Samen fielen auch unter Dornbüsche; die Dornen wuchsen empor und erstickten die Saat.

30. Aber einige Samen fielen auf gutes Land und trugen Früchte; einige hundertfach, einige sechzigfach, einige dreißigfach.

31. Wer Ohren hat, der höre!

32. Und als Jesus wieder allein war, fragten ihn die wenigen, die bei ihm geblieben waren, darunter auch die Zwölf, nach der Bedeutung des Gleichnisses.

33. So hört ihr nun dieses Gleichnis vom Sämann.

34. Wenn jemand die Botschaft vom Reich hört, aber das Wort nicht begreift, so kommt der Böse und nimmt fort, was in sein Herz gesät wurde. So ist es bei dem, bei dem die Saat auf den Weg gesät wurde.

35. Bei dem die Saat auf felsigen Boden gesät wurde, das ist der, der das Wort hört und es sogleich mit Freuden aufnimmt;

36. Aber er hat keine Wurzeln in sich. Er hält sich eine Weile, doch wenn er um des Wortes wegen bedrängt oder verfolgt wird, so fällt er gleich wieder ab.

37. Bei dem die Saat unter Dornbüsche gesät wurde, das ist der, der das Wort hört, aber seine weltlichen Sorgen und trügerischer Reichtum ersticken es, und es trägt keine Früchte.

38. Bei dem die Saat aber auf gutem Boden gesät wurde, das ist der, der das Wort hört, es versteht und in dem es dann auch Früchte trägt; und der eine trägt sie hundertfach, der andere sechzigfach und der dritte dreißigfach.

39. Und er sprach weiter zu ihnen: Zündet man etwa ein Licht an, um es unter den Scheffel oder die Bank zu stellen? Nein. Man entzündet es, um es auf den Leuchter zu setzen!

40. Denn nichts ist verborgen, was offenbart werden soll, und nichts wurde geheimgehalten, was nicht verbreitet werden wird.

41. Wer Ohren hat zu hören, der höre!

42. Dann erzählte er ihnen ein neues Gleichnis: Das Himmelreich gleicht einem Menschen, der guten Samen auf seinem Acker ausbrachte.

43. Als aber alle schliefen, kam sein Feind herangeschlichen, säte Unkraut zwischen die ausgebrachte Weizensaat und schlich wieder davon.

44. Als die Saat wuchs und Früchte trug, wurde auch all das Unkraut sichtbar.

45. Da traten die Knechte vor den Hausherrn und fragten ihn: Herr, hast du nicht guten Samen auf deinem Acker gesät? Weshalb wächst dort dann das Unkraut?

46. Er sagte ihnen: Das hat mein Feind getan. Die Knechte fragten ihn: Willst du, dass wir es ausjäten?

47. Er aber sprach: Nein, damit ihr nicht zugleich den Weizen mit ausreißt, wenn ihr das Unkraut jätet!

48. Lasst beides miteinander wachsen bis zur Ernte! Und zur Erntezeit will ich meinen Schnittern sagen: Sammelt zuerst das Unkraut und bündelt es, damit man es verbrenne; aber den Weizen sammelt in meiner Scheune.

49. Dann ließ Jesus die Leute ziehen und begab sich ins Haus. Doch seine Jünger suchten ihn auf und baten ihn: Deute uns das Gleichnis vom Unkraut auf dem Acker.

50. Jesus antwortete ihnen: Der Menschensohn ist es, der den guten Samen sät.

51. Der Acker ist die Welt. Der gute Samen, das sind die Kinder des Reichs; das Unkraut sind die Kinder des Bösen.

52. Der Feind, der das Unkraut sät, ist der Teufel. Die Ernte ist das Ende der Welt. Und die Schnitter sind die Engel.

53. So, wie man nun das Unkraut ausreißt und es verbrennt, so wird es den Bösen auch am Ende der Welt ergehen.

54. Der Menschensohn wird seine Engel aussenden, und sie werden aus seinem Reich all jenes ausjäten, das die Menschen zur Sünde verführt, und alle, die Unrecht tun.

55. Und sie werden sie in den Feuerofen werfen. Und da wird Heulen und Zähneknirschen sein.

56. Dann werden die Gerechten leuchten wie die Sonne im Reich ihres Vaters!

57. Wer Ohren hat, der höre!

58. Das Himmelreich gleicht auch einem Schatz, der im Acker vergraben war. Ein Mensch fand ihn und hielt seinen Fund zunächst verborgen. Voller Freude verkauft er all seine Besitztümer und kauft von dem Erlös den Acker.

59. Ebenfalls gleicht das Himmelreich einem Kaufmann, der gute Perlen suchte; und als er eine kostbare fand, verkaufte er all seine Besitztümer und kaufte von dem Erlös die Perle.

60. Wiederum gleicht das Himmelreich auch einem Netz, das im Meer ausgeworfen wurde und allerlei Fische fing.

61. Als das Netz voll war, zogen die Fischer es ans Ufer, setzten sich und lasen die guten Fische in Gefäßen zusammen, die schlechten aber warfen sie weg.

62. Und so wird es auch am Ende der Welt sein: Die Engel werden losziehen und die Bösen von den Gerechten scheiden.

63. Und sie werden sie in den Feuerofen werfen; da wird Heulen und Zähneknirschen sein.

64. Habt ihr das alles verstanden? Sie antworteten: Ja.

65. Jesus fuhrt fort: Deshalb gleicht jeder Schriftgelehrte, der ein Jünger des Himmelreichs geworden ist, einem Hausherrn, der aus seinem Schatz Neues und Altes birgt.

66. Und er sagte: Mit dem Reich Gottes ist es so, wie wenn ein Mensch die Saat ausbringt

67. Und dann schläft und wieder aufsteht, Tag und Nacht: Der Samen geht auf und wächst, aber er weiß nicht, wie.

68. Denn die Erde bringt die Frucht ganz von selbst hervor – zuerst den Halm, dann die Ähre, schließlich den vollen Weizen in der Ähre.

69. Wenn sie aber die Frucht hervorgebracht hat, schickt er alsbald die Sichel hin – denn die Ernte ist gekommen.

70. Jesus sprach: Womit wollen wir das Reich Gottes vergleichen, durch welches Gleichnis wollen wir es darstellen?

71. Es ist wie mit einem Senfkorn: Wenn es auf die Erde gesät wird, ist es das kleinste aller Samenkörner der Erde.

72. Doch wenn es erst gesät ist und aufgeht, dann wächst es größer und höher als alle Kräuter und treibt so große Zweige, dass die Vögel unter dem Himmel in seinem Schatten rasten können.

73. Durch vielerlei Gleichnisse dieser Art verkündete Jesus ihnen das Wort, sodass es ihnen begreiflich wurde.

74. Anders als in Gleichnissen sprach er nicht zu ihnen; wenn sie aber unter sich waren, legte er seinen Jüngern deren Bedeutung aus.

KAPITEL VI

1. Als sie unterwegs waren, sprach einer zu Jesus: Ich will dir folgen, wohin du auch gehst!

2. Jesus sprach zu ihm: Die Füchse haben ihren Bau, die Vögel unter dem Himmel haben Nester; aber der Menschensohn hat nichts, wo er sein Haupt ausruhen könnte.

3. Und er rief einem anderen zu: Folge mir nach! Der aber entgegnete: Herr, gestatte mir, zuvor meinen Vater zu begraben.

4. Jesus aber sprach zu ihm: Lass die Toten ihre Toten begraben; du aber gehe hin und verkünde das Reich Gottes!

5. Und ein anderer sagte: Herr, ich will mich dir anschließen, aber erlaube mir zuerst, von den Menschen zu Hause Abschied zu nehmen.

6. Jesus aber erwiderte: Wer seine Hand an den Pflug legt und zurückblickt, der ist nicht geeignet für das Reich Gottes.

7. Jesus ging weiter und erblickte einen Zöllner mit dem Namen Levi, der im Zollhaus saß. Er sagte zu ihm: Folge mir nach!

8. Und Levi ließ alles stehen und liegen, stand auf und folgte ihm nach.

9. In seinem Haus bereitete Levi Jesus ein großes Festmahl, und viele Zöllner waren mit dabei.

10. Und viele Zöllner und Sünder saßen auch mit Jesus und seinen Jüngern am Tisch, denn inzwischen folgten ihm sehr viele von ihnen.

11. Als die Schriftgelehrten und Pharisäer Jesus mit den Sündern und Zöllnern gemeinsam essen sahen, fragten sie seine Jünger: Isst er wirklich mit den Sündern und Zöllnern?

12. Als Jesus dies erfuhr, sprach er zu ihnen: Die Starken brauchen keinen Arzt, wohl aber die Kranken! Ich bin gekommen, um die Sünder zur Buße zu rufen, nicht die Gerechten!

13. Und er erzählte ihnen ein Gleichnis: Niemand nimmt ein Stück Stoff aus einem neuen Kleid und flickt ihn auf ein altes Kleid; auf diese Weise zerreißt man das neue Kleid, und der Flicken aus dem neuen passt doch nicht auf das alte Kleid.

14. Und niemand füllt neuen Wein in alte Schläuche; sonst zerreißt der neue Wein die Schläuche und wird verschüttet, und die Schläuche sind unbrauchbar.

15. Vielmehr soll man neuen Wein in neue Schläuche füllen; so bewahrt man beides!

16. Nachdem Jesus diese Gleichnisse erzählt hatte, brach er auf.

17. Und er ging in seine Heimat zurück, wo er in der Synagoge lehrte. Die Leute zeigten sich erstaunt und fragten: Woher hat der hier diese Weisheit und wie kommen seine mächtigen, wirkungsvollen Taten zustande?

18. Ist das nicht der Sohn des Zimmermanns, heißt seine Mutter nicht Maria, sind seine Brüder nicht Jakobus, Josef, Simon und Judas?

19. Und leben seine Schwestern nicht alle unter uns? Woher hat er dann dies alles?

20. Und sie erregten sich sehr über ihn. Jesus aber sprach zu ihnen: Nirgendwo gilt ein Prophet weniger als in seinem Vaterland und in seinem eigenen Haus.

21. Als Jesus das Volk erblickte, ergriff ihn das Mitleid; denn die Leute waren schwach und zerstreut wie eine Herde Schafe ohne Hirten.

22. Da rief er seine Zwölf zu sich und begann, sie unter die Leute zu senden, jeweils zwei und zwei.

23. Und er gebot ihnen: Geht nicht unter die Heiden und besucht keine Stadt der Samariter,

24. Sondern geht zu den verlorenen Schafen aus dem Haus Israel!

25. Weder Gold, Silber noch Kupfer sollt ihr in euren Gürteltaschen tragen,

26. Auch kein Reisebündel, keine zwei Hemden, keine Schuhe und keinen Wanderstab. Denn ein Arbeiter ist seine Speise wert.

27. Wenn ihr in eine Stadt oder ein Dorf kommt, erkundigt euch, ob dort jemand lebt, der es wert ist, dass ihr bei ihm bleibt, bis ihr weiterzieht.

28. Wenn ihr ein Haus betretet, so grüßt es!

29. Und wenn dieses Haus es wert ist, lasst seinen Bewohnern euren Frieden zuteil werden! Ist es aber aber nicht dessen wert, lasst den Frieden sich zu euch zurückwenden.

30. Will euch aber jemand nicht aufnehmen und eure Rede nicht hören, so schüttelt den Staub von euren Füßen, wenn ihr dieses Haus oder diese Stadt verlasst.

31. Wahrlich, ich sage euch: Dem Land der Sodomer und Gomorrher wird es am Tage des Gerichts erträglicher gehen, als es diesem Haus oder dieser Stadt ergehen wird.

32. Seht: Ich sende euch wie Schafe mitten unter die Wölfe. Darum seid so klug wie die Schlangen und ohne jede Falschheit wie die Tauben!

33. Hütet euch jedoch vor den Menschen: Sie werden euch den Gerichten überantworten und in ihren Synagogen auspeitschen.

34. Und wegen mir wird man euch vor Statthalter und Könige schleppen, damit ihr euch gegen sie selbst und die Heiden ausprecht.

35. Doch wenn sie euch in der einen Stadt jagen, flieht in die nächste.

36. Aber habt keine Angst vor ihnen! Es ist nichts verborgen, was nicht offenbar werden wird, und nichts ist geheim, was man nicht wissen wird.

37. Was ich euch im Dunkeln anvertraue, das erzählt weiter im Licht; und was euch ins Ohr gesagt wurde, das predigt von den Dächern!

38. Und fürchtet euch nicht vor denen, die den Körper töten, die Seele aber nicht töten können; fürchtet vielmehr denjenigen, der den Körper und die Seele in der Hölle verderben kann!

39. Kauft man nicht zwei Sperlinge für einen Groschen? Dennoch stürzt keiner von ihnen ohne euren Vater auf die Erde.

40. Nun aber sind auch eure Haare auf dem Haupt allesamt gezählt.

41. Deshalb fürchtet euch nicht: Ihr seid besser als viele Sperlinge!

42. Und so zogen die Jünger aus und predigten, man solle Buße tun,

43. Und die Apostel versammelten sich wieder bei Jesus und berichteten ihm alles, was sie getan und gelehrt hatten.

44. Daraufhin zog Jesus in ganz Galiläa umher; denn weil ihm die Juden nach dem Leben trachteten, wollte er sich nicht in Judäa aufhalten.

45. Einmal versammelten sich bei ihm die Pharisäer und einige der Schriftgelehrten aus Jerusalem.

46. Und als sahen, wie einige seiner Jünger mit unreinen, also ungewaschenen Händen das Brot aßen, nahmen sie daran Anstoß.

47. Denn die Pharisäer essen, wie alle Juden, nicht, ehe sie sich nicht die Hände gewaschen haben, und achten damit die Vorschriften der Ältesten;

48. Und wenn sie gerade vom Markt kommen, essen sie nicht, ehe sie sich nicht gewaschen haben; und es gibt viele weitere Vorschriften, die zu halten man ihnen in der Überlieferung aufgetragen hat, wie die Reinigung von Trinkgefäßen, Krügen, Kesseln und Bänken.

49. Deshalb fragten die Pharisäer und Schriftgelehrten Jesus: Wieso achten deine Jünger nicht die Vorschriften der Ältesten und essen das Brot mit unreinen Händen?

50. Da rief Jesus das Volk erneut zu sich und sprach: Hört mir alle zu und begreift es:

51. Es gibt nichts, was von außen in den Menschen gelangen könnte, das ihn unrein macht; sondern unrein macht den Menschen das, was aus ihm herauskommt! Wer Ohren hat zu hören, der höre.

52. Als er wieder ins Haus zurückkam, weg von den Menschen, fragten ihn die Jünger nach der Bedeutung dieses Gleichnisses.

53. Und er sprach zu ihnen: Seid ihr so unverständig? Begreift ihr denn nicht, dass nichts, was von außen in den Menschen hineingeht, ihn unrein machen könnte!

54. Denn es geht nicht in sein Herz, sondern in seinen Bauch; und es kommt aus ihm heraus und geht in die Grube, wodurch alle Nahrung gereinigt wird.Und er sprach weiter: Was aus dem Menschen herauskommt, das macht ihn unrein!

55. Denn von innen, aus dem Herzen der Menschen, kommen

böse Gedanken, Unzucht, Ehebruch, Mord,

56. Diebstahl, Habgier, Bosheit, Arglist, Ausschweifung, Missgunst, Lästerung, Hochmut, Unvernunft.

57. All diese üblen Eigenschaften und Dinge kommen von innen heraus und machen den Menschen unrein.

58. Dann stand Jesus auf und zog weiter in die Region von Tyrus und Sidon. Dort betrat er ein Haus und wollte unbemerkt bleiben, doch seine Ankunft konnte man nicht verborgen halten.

KAPITEL VII

1. Da traten die Jünger vor Jesus und fragten ihn: Wer ist der Größte im Himmelreich?

2. Jesus rief ein Kind zu sich und stellte es in ihre Mitte,

3. Und er sprach: Wahrlich, ich sage euch, wenn ihr nicht kehrtmacht und so werdet wie die Kinder, dann werdet ihr nicht ins Himmelreich gelangen.

4. Wer sich aber selbst kleiner macht und so wird wie dieses Kind, der wird der Größte sein im Himmelreich.

5. Wehe der Welt, ihrer vielen Versuchungen wegen! Versuchungen werden unweigerlich da sein; aber wehe demjenigen, der dazu verführt, ihnen nachzugeben!

6. Deshalb: Wenn deine Hand oder dein Fuß dich zur Versuchung verführen, dann hack sie ab und wirf sie weit von dir! Es ist besser für dich, lahm oder verkrüppelt durchs Leben zu gehen, als zwei Hände oder zwei Füße zu behalten und ins ewige Feuer gestoßen zu werden!

7. Und wenn dein Auge dich zur Versuchung verführt, dann reiße es heraus und wirf es weit von dir! Es ist besser für dich, einäugig durchs Leben zu gehen, als zwei Augen zu haben und ins Höllenfeuer gestoßen zu werden!

8. Was meint ihr? Wenn ein Mensch hundert Schafe hat und eines unter ihnen verirrt sich; würde er nicht die neunundneunzig anderen auf den Bergen lassen, losziehen und das verirrte Schaf suchen?

9. Wenn er es dann findet, das sage ich euch, dann freut er sich darüber mehr als über die neunundneunzig, die sich nicht verirrt haben.

10. Und so ist es auch der Wille eures Vaters im Himmel, dass nicht auch nur eines von diesen Kleinen verloren geht!

11. Wenn dein Bruder sich an dir versündigt, suche ihn auf und weise ihn zurecht, du mit ihm allein! Wenn er auf dich hört, so hast du deinen Bruder für dich gewonnen.

12. Hört er aber nicht auf dich, so nimm einen oder zwei Zeugen mit zu ihm, damit sie alles zwischen euch Gesagte bestätigen werden.

13. Hört er noch immer nicht auf dich, dann berichte es vor der Gemeinde. Und hört er auch nicht auf die Gemeinde, dann soll er für dich nichts anderes sein als ein Andersgläubiger und ein Heide.

14. Da wandte sich Petrus an Jesus und fragte: Herr, wie oft muss ich denn meinem sündigen Bruder vergeben? Genügt sieben Mal?

15. Jesus antwortete ihm: Ich sage dir, nicht sieben Mal, sondern siebzigmal sieben Mal!

16. Deshalb gleicht das Himmelreich einem Herrn, der mit seinen Knechten Abrechnung machen wollte.

17. Zuerst wurde einer zu ihm gebracht, der ihm zehntausend Zentner Silber schuldete.

18. Und da er seine Schuld nicht bezahlen konnte, befahl der König, ihn, seine Frau, seine Kinder und all seine Habe zu verkaufen und mit dem Erlös die Schulden zu tilgen.

19. Da fiel der Knecht ihm zu Füßen und flehte ihn an: Habt Geduld mit mir, Herr; ich will Ihnen alles bezahlen.

20. Der Herr dieses Knechts hatte Erbarmen mit ihm und

ließ ihn frei, und seine Schuld erließ er ihm auch.

21. Daraufhin ging der Knecht hinaus und traf dort einen seiner Mitknechte, der ihm hundert Silbergroschen schuldete. Er packte und würgte ihn und sprach: Bezahle das, was du mir schuldig bist!

22. Da fiel der Mitknecht ihm zu Füßen und flehte ihn an: Hab Geduld mit mir, Herr, ich will dir alles bezahlen.

23. Aber der Knecht ließ sich nicht darauf ein, sondern ließ ihn ins Gefängnis werfen, bis er seine Schuld bezahlt hätte.

24. Als dies die anderen Mitknechte mit ansahen, waren sie bestürzt und traten vor den König, um ihm davon zu berichten.

25. Da ließ der Herr den Knecht erneut kommen und sagte zu ihm: Oh, du böser Knecht! Deine gesamte Schuld habe ich dir erlassen, weil du mich darum gebeten hast;

26. Hättest du nicht dasselbe Erbarmen, das ich dir entgegengebracht habe, gegenüber deinem Mitknecht zeigen sollen?

27. Und der Herr geriet in großen Zorn und übergab ihn seinen Folterknechten, bis er alles bezahlt hätte, was er ihm schuldig war.

28. Und so wird auch mein himmlischer Vater mit euch verfahren, wenn ihr einander nicht von Herzen vergebt, ein jeder seinem Bruder!

29. Anschließend setzte der Herr siebzig weitere Jünger ein und sandte sie jeweils zu zweit in alle Städte aus, die er auch besuchen wollte

30. Und er sprach zu ihnen: Die Ernte ist groß, aber es gibt zu wenige Arbeiter. Darum bittet den Herrn, dass er für die Ernte seine Arbeiter aussende.

31. Deshalb zieht los; seht, ich sende euch wie Lämmer mitten unter die Wölfe.

32. Tragt keinen Geldgürtel bei euch, kein Reisebündel und keine Schuhe, und grüßt unterwegs niemanden.

33. Und wenn ihr ein Haus betretet, sprecht zuerst: Friede sei diesem Haus!

34. Und wenn dort ein Kind des Friedens wohnt, so wird euer Friede auf ihm ruhen; wenn aber nicht, dann soll sich euer Friede zu euch zurückwenden.

35. Aber bleibt in diesem Haus, esst und trinkt das, was man euch gibt; denn ein Arbeiter ist seinen Lohn wert. Ihr sollt nicht von einem Haus zum anderen gehen.

36. Und wenn ihr in eine Stadt kommt und euch die Menschen dort aufnehmen, dann esst das, was euch vorgesetzt wird.

37. Kommt ihr aber in eine Stadt, die euch nicht freundlich aufnimmt, so geht auf die Straßen derselben hinaus und sprecht:

38. Wir schütteln den Staub aus eurer Stadt, der sich auf unsere Füße gelegt hat, wieder ab auf euch! Doch ihr sollt wissen: Das Reich Gottes ist nahe.

39. Aber ich sage euch: Sodom wird es erträglicher gehen an jenem Tag als dieser Stadt!

40. Als das Laubhüttenfest der Juden näherrückte,

41. Sprachen seine Brüder zu ihm: Brich auf und zieh nach Judäa, damit auch deine Jünger dort die Werke sehen, die du verrichtest!

42. Denn niemand tut etwas im Verborgenen und will dann öffentlich etwas gelten! Wenn du etwas Derartiges tust, dann offenbare dich der Welt!

43. Denn auch seine Brüder glaubten nicht recht an ihn.

44. Da antwortete Jesus ihnen: Meine Zeit ist noch nicht gekommen, eure Zeit ist immerdar.

45. Euch kann die Welt nicht hassen. Mich aber hasst sie, denn ich lege vor ihr Zeugnis ab, dass ihre Taten böse sind.

46. Geht ihr nur hinauf zum Fest! Ich will nicht dort hingehen, denn meine Zeit ist noch nicht gekommen.

47. So sprach er und blieb in Galiläa.

48. Als aber seine Brüder zum Fest aufgebrochen waren, begab auch er sich dorthin; nicht öffentlich, sondern heimlich.

49. Auf dem Fest suchten die Juden nach ihm und fragten überall: Wo ist er?

50. Und im Volk war ein großes Gerede über ihn. Einige sprachen: Er ist gut; aber andere meinten: Nein, er verführt nur das Volk.

51. Offen aber wagte niemand über ihn zu reden, aus Furcht vor den Juden.

52. Mitten während des Festes aber stieg Jesus hinauf zum Tempel und begann zu predigen.

53. Die Juden waren darüber sehr erstaunt und fragten: Wie kann dieser hier die Schrift verstehen, wenn er sie doch nie studiert hat?

54. Jesus entgegnete ihnen:

55. Hat euch nicht Moses das Gesetz gegeben? Und doch achtet niemand unter euch das Gesetz! Warum verlangt ihr mich zu töten?

56. Das Volk antwortete ihm: Du bist besessen! Wer verlangt dich zu töten?

57. Jesus sprach: Eine einzige Tat habe ich vollbracht, und ihr wundert euch alle.

58. Moses hat euch doch die Beschneidung gelehrt! Sie kommt nicht von Mose, sondern von den Vätern; und ihr beschneidet einen Menschen am Sabbat.

59. Wenn aber ein Mensch am Sabbat beschnitten wird, damit das Gesetz Mose nicht gebrochen wird – was empört ihr euch dann über mich, weil ich am Sabbat einen Menschen ganz und gar geheilt habe?

60. Richtet nicht nach dem, wie es euch erscheint. Sondern richtet gerecht!

61. Da sprachen einige aus Jerusalem: Ist das nicht jener, den sie töten wollen?

62. Aber seht, er redet hier frei und offen, und sie verhindern es nicht. Sollten unsere Oberen etwa wahrhaftig erkannt haben, dass er doch der Christus ist?

63. Es kam auch den Pharisäern zu Ohren, dass im Volk derartiges über ihn geredet wurde. Da sandten die Pharisäer und die Hohepriester ihre Schergen aus, um ihn zu ergreifen.

64. So kam es seinetwegen zu Zwietracht im Volk.

65. Zwar wollten ihn einige ergreifen; doch niemand wagte es, Hand an ihn zu legen.

66. Die Schergen kehrten zurück zu den Hohepriestern und Pharisäern. Diese fragten sie: Wieso habt ihr ihn nicht hergebracht?

67. Die Schergen antworteten: Noch nie hat jemand so gesprochen wie dieser.

68. Die Pharisäer entgegneten: Habt ihr euch etwa auch von ihm verführen lassen?

69. Glaubt hier denn nur einer der Oberen und der Pharisäer an ihn?

70. Dieses Volk, das nichts vom Gesetz weiß, verflucht sei es!

71. Da sprach Nikodemus zu ihnen, einer von ihnen, der zuvor einmal nachts bei Jesus gewesen war:

72. Richtet unser Gesetz etwa einen Menschen, noch ehe man ihn verhört hat und weiß, was er tut?

73. Da erwiderten sie ihm: Bist du auch ein Galiläer? Forsche selbst nach und sieh es ein: Aus Galiläa wird sich kein Prophet erheben.

74. Und sie gingen auseinander und begaben sich nach Hause.

KAPITEL VIII

1. Jesus besuchte den Ölberg,

2. Und früh am Morgen kehrte er zum Tempel zurück. Viele Menschen suchten ihn auf, und er setzte sich und begann zu predigen.

3. Da führten ihm die Schriftgelehrten und Pharisäer eine Frau vor, die beim Ehebruch erwischt worden war, und stellten sie in die Mitte des Raums.

4. Und sie trugen ihm vor: Meister, diese Ehebrecherin wurde auf frischer Tat ertappt.

5. Nach dem Gesetz Mose soll diese Frau gesteinigt werden. Wie denkst du darüber?

6. Sie sagten dies voller List, dass Jesus ihnen einen Vorwand gäbe, um ihn verklagen zu können. Doch Jesus beugte sich vor und schrieb etwas mit dem Finger auf die Erde.

7. Sie fuhren jedoch mit ihren Fragen fort. Da richtete er sich auf und sprach: Wer unter euch ohne Sünde ist, der werfe den ersten Stein auf sie!

8. Und wieder beugte er sich herab und schrieb mit dem Finger auf die Erde.

9. Und diejenigen, die es hörten, verließen, von ihrem eigenen Gewissen überführt, den Raum, einer nach dem anderen, die Ältesten zuerst; und Jesus blieb allein mit der Frau, die immer noch in der Mitte des Raums stand.

10. Da erhob sich Jesus und fragte sie: Wo sind all deine Ankläger hin, Frau? Hat dich nun niemand verurteilt?

11. Sie antwortete: Nein, niemand, Herr. Und Jesus entgegnete ihr: Auch ich verdamme dich nicht; zieh deiner Wege und sündige künftig nicht mehr.

12. Ein anderes Mal begegnete Jesus einem Menschen, der blind geboren war.

13. Seine Jünger fragten ihn: Meister, wer hat Sünde auf sich geladen, dass er blind zur Welt kam – er selbst oder seine Eltern?

14. Jesus antwortete ihnen: Weder er noch seine Eltern haben gesündigt. Sondern die Werke Gottes sollen an ihm offenbart werden!

15. Wahrlich, ich sage euch: Wer den Schafstall nicht durch die Türe betritt, sondern an anderer Stelle einsteigt, der ist ein Dieb und Räuber.

16. Wer aber zur Türe hineingeht, ist der Hirte der Schafe.

17. Dem öffnet der Hüter des Stalls die Türe, und die Schafe erkennen seine Stimme; und er ruft sie einzeln mit ihren Namen und führt sie hinaus.

18. Und hat er alle Schafe hinausgeführt, dann geht er vor ihnen her, und sie folgen ihm nach. Denn seine Stimme ist ihnen vertraut.

19. Einem Fremden aber folgen sie nicht. Sie fliehen vor ihm; denn sie erkennen seine Stimme nicht.

20. Ich bin der gute Hirte. Der gute Hirte gibt sein Leben für seine Schafe hin.

21. Doch ein Lohnhüter, der nicht ihr Hirte ist und dem die Schafe nicht gehören, der sieht den Wolf nahen, lässt die Schafe im Stich und flieht; und der Wolf stürzt sich auf die Schafe und reißt sie.

22. Denn er ist nur ein Lohnhüter, und die Schafe sind ihm egal.

23. Ich aber bin der gute Hirte und kenne die Meinen; und die Meinen kennen mich.

24. Und ich habe noch viele weitere Schafe, nicht nur aus diesem Stall. Auch sie muss ich anführen. Sie alle werden meine Stimme hören, und ich werde sie zu einer Herde unter einem Hirten vereinen.

25. Da schickte sich ein Rechtsgelehrter an, Jesus herauszufordern, und fragte ihn: Meister, was muss ich tun, um das ewige Leben zu erlangen?

26. Jesus fragte zurück: Was steht im Gesetz geschrieben? Wie liest du es dort?

27. Er antwortete: Du sollst den Herrn, deinen Gott, lieben von ganzem Herzen, von ganzer Seele, mit allen Kräften und mit vollem Gemüt, und deinen Nächsten sollst du lieben wie dich selbst.

28. Jesus entgegnete: Du hast richtig geantwortet. Befolge genau das, und du wirst leben.

29. Er aber gab sich nicht zufrieden und fragte weiter: Wer ist denn mein Nächster?

30. Da sprach Jesus: Einst reiste ein Mann von Jerusalem nach Jericho und fiel Räubern zum Opfer; die entkleideten ihn, verwundeten ihn, flohen und ließen ihn halb tot liegen.

31. Zufällig kam ein Priester des Wegs, doch als er ihn sah, wechselte er die Straßenseite und ging einfach vorüber.

32. Auch ein Levit erblickte ihn, als er dort war, und ging an ihm vorbei.

33. Ein Samariter aber, der vorbeikam, sah den Mann und hatte Mitleid mit ihm;

34. Also ging er zu ihm, beträufelte seine Wunden mit Öl und Wein, verband ihn, setzte ihn auf sein Lasttier und brachte ihn zu einer Herberge, wo er ihn pflegte.

35. Am nächsten Morgen gab er dem Herbergsvater zwei Silbergroschen und sprach: Pflege ihn weiter; wenn dich der Aufwand mehr kostet, so werde ich ihn dir ersetzen, sobald ich wiederkomme.

36. Welcher der drei, meinst du, ist nun für das Opfer dieser Räuber der Nächste gewesen?

37. Der Schriftgelehrte antwortete: Der sich barmherzig gezeigt hat! Da sprach Jesus zu ihm: Also geh du hin und tu dasselbe!

38. Wieder ein anderes Mal war Jesus an einem bestimmten Ort ins Gebet vertieft. Und als er aufgehört hatte, bat ihn einer seiner Jünger: Herr, lehre uns so beten, wie auch Johannes es seine Jünger lehrte!

39. Da sagte Jesus zu ihnen: Wenn ihr betet, so sprecht Folgendes: Vater unser im Himmel! Geheiligt werde Dein Name. Dein Reich komme. Dein Wille geschehe, im Himmel wie auf Erden.

40. Unser tägliches Brot gib uns, Tag für Tag.

41. Und vergib uns unsere Sünden, denn auch wir vergeben allen, die an uns schuldig werden. Und führe uns nicht in Versuchung, sondern erlöse uns von dem Bösen.

42. Und Jesus sprach weiter: Wenn jemand von euch einen Freund hätte, den er um Mitternacht besuchen würde, und ihm sagte: Lieber Freund, leih mir drei Brote;

43. Denn mein Freund ist nach langer Reise zu mir gekommen und ich habe nichts, was ich ihm anbieten kann!

44. Und dieser Freund würde euch antworten: Lass mich in Ruhe! Die Tür ist schon verschlossen, meine Kinder und ich liegen schon im Bett. Ich kann nicht aufstehen und dir etwas geben.

45. Dann sage ich euch: Wenn er schon nicht aufstehen und euch etwas leihen will, weil er euer Freund ist, so wird er doch wegen eures heftigen Drängens und Bittens öffnen und euch geben, worum ihr ihn bittet.

46. Und ich sage euch dies: Bittet, so wird euch gegeben; suchet, so werdet ihr finden; klopfet an, so wird euch geöffnet.

47. Denn wer bittet, der empfängt; wer sucht, der findet; wer anklopft, dem wird geöffnet.

48. Wo gäbe es einen Vater, der einem Sohn einen Stein anböte, wenn der ihn um Brot bittet? Oder wenn er um einen Fisch bittet, ihm stattdessen eine Schlange gäbe?

49. Oder ihm einen Skorpion gäbe, wenn er ihn um ein Ei bittet?

50. Wenn ihr schon, auch wenn ihr böse seid, euren Kindern Gutes zukommen lassen könnt, wie viel eher wird dann der Vater im Himmel denen den heiligen Geist geben, die ihn darum bitten?

KAPITEL IX

1. Und an Sabbat ergab es sich, dass Jesus das Haus eines Oberen der Pharisäer aufsuchte, um dort Brot zu essen; und sie beobachteten ihn.

2. Dort war ein Mann, der an Wassersucht litt.

3. Jesus antwortete auf die Frage der Schriftgelehrten und Pharisäer, ob es gestattet sei, am Sabbat zu heilen oder nicht.

4. Und sie schwiegen.

5. Da sagte er: Wer unter euch würde seinen Sohn oder seinen Ochsen nicht auch am Sabbat aus dem Brunnen ziehen, wenn er hineinfiele?

6. Auch darauf vermochten sie ihm nichts zu antworten.

7. Und als er bemerkte, dass viele der eingeladenen Gäste versuchten, sich die Tischplätze in den besseren Räumen zu sichern, erzählte er ihnen dieses Gleichnis:

8. Wenn du auf eine Hochzeit eingeladen bist, setze dich nicht auf einen der wichtigsten Plätze! Denn es könnte jemand eingeladen sein, der noch ehrenwerter ist als du;

9. Und dann kommt der Gastgeber zu dir und fordert dich auf: Gib diesem deinen Platz!, und du musst beschämt an einem Tisch an unbedeutendster Stelle Platz nehmen.

10. Daher, wenn du eingeladen bist, setze dich ganz untenan. Damit der Gastgeber auf dich zukommt und dich auffordert:

Freund, rücke doch weiter hinauf! So wird dir mehr Ehre zuteil als allen anderen, die mit dir zu Tisch sitzen.

11. Denn wer sich selbst erhöht, der soll erniedrigt werden! Und wer sich selbst erniedrigt, der soll erhöht werden.

12. Und Jesus sprach zu seinem Gastgeber: Wenn du ein Mittags- oder Abendmahl veranstaltest, dann lade nicht deine Freunde, Brüder, Verwandten oder reichen Nachbarn ein, damit diese wiederum dich einladen und dir deine Mühe vergelten;

13. Sondern wenn du ein Mahl veranstaltest, dann lade Arme, Verkrüppelte, Lahme und Blinde ein!

14. So wirst du selig sein. Denn diese haben nichts, um dir deine Mühe zu vergelten; doch diese wird dir vergolten werden bei der Auferstehung der Gerechten.

15. Und Jesus sprach weiter zu seinem Gastgeber: Einst veranstaltete ein Mann ein großes Abendmahl und lud viele dazu ein.

16. Und als die Zeit gekommen war, sandte er seinen Knecht zu allen geladenen Gästen, um ihnen auszurichten: Kommt, es ist alles vorbereitet!

17. Doch die Gäste ließen sich alle entschuldigen, einer nach dem anderen. Der erste sagte: Ich habe einen Acker gekauft, den ich besichtigen muss; bitte entschuldige mich.

18. Der zweite sprach: Ich habe fünf Ochsengespanne gekauft und muss sie mir ansehen; bitte entschuldige mich.

19. Und der dritte sprach: Ich habe mir heute jemanden zur Frau genommen; bitte entschuldige mich, ich kann deshalb nicht kommen.

20. Und der Knecht kehrte zu seinem Herrn zurück und berichtete ihm von den Absagen. Da wurde der Gastgeber zornig und befahl seinem Knecht: Geh durch die Straßen und Gassen der Stadt und lade alle Armen, Verkrüppelten, Blinden und Lahmen zu uns ein!

21. Der Knecht tat, wie ihm befohlen war, und sagte dann zu seinem Herrn: Es ist aber immer noch Platz an unserem Gastmahl.

22. Da sprach der Herr: Dann geh auf die Landstraßen und zu den Hecken und fordere sie alle auf, zu uns zu kommen, damit mein Haus voll wird!

23. Denn ich sage euch: Keiner der Männer, die eingeladen waren, wird mein Abendmahl kosten!

24. Denn wer unter euch würde einen Turm bauen, ohne sich zuvor hinzusetzen und die Kosten zu überschlagen, um zu ermitteln, ob seine Mittel dafür ausreichen?

25. Damit nicht alle über ihn spotten, wenn sie sehen, dass er das Fundament gelegt hat, jedoch nicht mehr weiterbauen kann,

26. Und über ihn sprechen: der hier hat angefangen zu bauen, aber er hat nicht die Mittel, es zu vollenden.

27. Oder welcher König würde sich auf einen Krieg gegen einen anderen König einlassen, der sich nicht zuvor beratschlagte, ob er ihm mit zehntausend Mann entgegentreten kann, wenn der Gegner zwanzigtausend Mann hat?

28. Und wenn er es nicht vermag, eher eine Gesandtschaft schickt, solange der Gegner noch fern ist, und um Frieden bittet!

29. Und es versammelten sich allerlei Zöllner und Sünder um Jesus, um seine Lehre zu hören.

30. Und die Pharisäer und Schriftgelehrten tuschelten: Er nimmt die Sünder bei sich auf und isst mit ihnen!

31. Doch Jesus hielt ihnen dieses Gleichnis vor:

32. Wer ist unter euch, der hundert Schafe hat und, wenn er eins von ihnen verliert, nicht die neunundneunzig anderen in der Wüste zurücklässt, um das verlorene zu suchen, so lange, bis er es findet?

33. Und hat er es wiedergefunden, so legt er es sich voller Freude um die Schultern,

34. Und wenn er zurückkehrt, ruft er Freunde und Nachbarn zusammen und berichtet ihnen: Freut euch mit mir, denn ich habe mein verlorenes Schaf wiedergefunden!

35. Ich sage euch: Genauso herrscht auch im Himmel mehr Freude über einen Sünder, der Buße tut, als über neunundneunzig Gerechte, die der Buße nicht bedürfen!

36. Oder welche Frau, die zehn Silbergroschen besitzt und davon einen verliert, würde nicht das Licht anzünden, ihr Haus durchsuchen und keine Ruhe geben, ehe sie den Groschen wiedergefunden hat?

37. Und hat sie ihn wiedergefunden, so ruft sie Freundinnen und Nachbarinnen zusammen und berichtet ihnen: Freut euch mit mir, denn ich habe meinen verlorenen Silbergroschen wiedergefunden!

38. Ich sage euch: Genauso herrscht auch im Himmel Freude unter den Engeln Gottes über jeden Sünder, welcher Buße tut!

39. Und Jesus fuhr fort: Ein Mann hatte zwei Söhne.

40. Der jüngere von beiden sprach zu seinem Vater: Vater, gib mir meinen Erbteil! Und der Vater teilte sein Hab und Gut unter seinen Söhnen auf.

41. Anschließend reiste der jüngere Sohn mit seinem Erbteil und all seinem Besitz in ein fernes Land. Dort verprasste er all sein Hab und Gut.

42. Und gerade als er sein gesamtes Vermögen durchgebracht hatte, wurde das Land von einer schlimmen Hungersnot getroffen, und er litt Not.

43. Da wandte er sich an einen Bürger des Landes um Hilfe; der schickte ihn auf seinen Acker, damit er dort die Säue hüte.

44. Und er hätte sich gern an den Schoten satt gegessen, die an die Säue verfüttert wurden; doch niemand gab ihm etwas.

45. Da dachte er über sich nach und sagte sich: Wie viele Tagelöhner beschäftigt mein Vater, die genug Brot zu essen haben; und ich leide hier Hunger!

46. Ich will aufbrechen, zu meinem Vater zurückkehren und vor ihm bekennen: Vater, ich habe gegen den Himmel gesündigt und gegen dich.

47. Ich habe es nicht verdient, weiter dein Sohn genannt zu werden; bitte mache mich zu deinem Tagelöhner.

48. Und er machte sich auf die Heimreise zu seinem Vater. Doch als er noch weit entfernt war, erblickte dieser ihn schon und bekam großes Mitleid; er lief ihm entgegen, fiel ihm um den Hals und küsste ihn.

49. Der Sohn sprach: Vater, ich habe gegen den Himmel gesündigt und gegen dich; ich bin es nicht mehr wert, dein Sohn geheißen zu werden!

50. Aber der Vater befahl seinen Knechten: Bringt das feinste Gewand her und kleidet ihn damit, gebt ihm einen Ring an die Hand und Schuhe an seine Füße!

51. Schafft das gemästete Kalb herbei und schlachtet es; lasst uns speisen und fröhlich sein!

52. Denn dieser Sohn war tot und ist wieder lebendig geworden; er war verloren und wurde wiedergefunden! Und sie begannen ausgelassen zu feiern.

53. Aber der ältere Sohn war noch auf dem Feld; und als er nach Hause zurückkehrte, hörte er das Singen und Tanzen,

54. Und er rief einen der Knechte zu sich und fragte ihn, was der Anlass sei.

55. Der Knecht antwortete: Dein Bruder ist zurückgekehrt! Und dein Vater hat das gemästete Kalb geschlachtet, weil er gesund zu ihm zurückkam.

56. Da wurde der ältere Sohn zornig und weigerte sich, ins Haus zu gehen. Also ging sein Vater hinaus und bat ihn einzutreten.

57. Er aber entgegnete seinem Vater: Siehe, ich diene dir seit so vielen Jahren und habe nie deine Gebote verletzt. Doch du hast mir nie auch nur einen Bock überlassen, damit ich mit meinen Freunden hätte feiern können.

58. Jetzt aber, da dein anderer Sohn zurückgekehrt ist, der dein Hab und Gut mit Huren verprasst hat, schlachtest du ihm das gemästete Kalb!

59. Da sprach der Vater: Mein Sohn, du bist die ganze Zeit bei mir; und alles, was mein ist, ist dein.

60. Du sollst fröhlich und zuversichtlich sein; denn dein Bruder war tot und ist wieder lebendig geworden. Er war verloren und wurde wiedergefunden.

KAPITEL X

1. Und Jesus erzählte den Jüngern: Einst lebte ein reicher Mann, der hatte einen Gutsverwalter. Und jener wurde von Dritten beschuldigt, seinen Besitz zu verschleudern.

2. Da ließ er den Verwalter zu sich rufen und fragte ihn: Was höre ich da über dich? Leg mir Rechenschaft ab über deine Verwaltung; denn du kannst fortan kein Verwalter mehr sein.

3. Da sagte der Verwalter zu sich selbst: Was soll ich nun tun? Mein Herr nimmt mir die Stellung; für körperliche Arbeit bin ich nicht geeignet, und ich schäme mich zu betteln.

4. Doch ich weiß schon, was ich tun werde, damit sie mich in ihren Häusern aufnehmen, wenn ich meine Stellung verloren habe.

5. Und er rief die Schuldner seines Herrn zu sich, jeden einzelnen, und fragte den ersten: Wie viel bist du meinem Herrn schuldig?

6. Der antwortete: Hundert Eimer Öl. Und er sprach zu ihm: Nimm deinen Schuldschein, setz dich schnell hin und schreibe fünfzig darauf.

7. Dann fragte er den zweiten: Du, wie viel bist du schuldig? Der sprach: Hundert Sack Weizen. Und er sprach zu ihm: Nimm deinen Schuldschein und schreibe achtzig darauf.

8. Und der Herr lobte den treulosen Verwalter, weil er klug gehandelt hatte; denn die Kinder dieser Welt sind untereinander klüger als die Kinder des Lichts.

9. Und ich sage euch: Nutzt den ungerechten Mammon, um euch Freunde zu machen; damit sie euch in ihren ewigen Hütten aufnehmen, wenn er zur Neige geht.

10. Wer im Kleinen treu ist, der ist auch im Großen treu; und wer im Kleinen ungerecht ist, der ist auch im Großen ungerecht.

11. Wenn ihr also mit dem unredlichen Mammon nicht getreulich umgegangen seid, wer wird euch dann das wahre Gut anvertrauen?

12. Und wenn ihr mit dem Besitz eines anderen nicht getreulich umgeht, wer wird euch dann eigenen Besitz zugestehen?

13. Kein Knecht kann zwei Herren dienen: Entweder er wird den einen hassen und den anderen lieben, oder er wird an dem einen hängen und den anderen verachten. Ihr könnt nicht Gott dienen und dem Mammon!

14. All dies hörten auch die Pharisäer; und weil sie geldgierig waren, verspotteten sie ihn.

15. Jesus aber sprach zu ihnen: Ihr seid diejenigen, die sich vor den Menschen selbst rechtfertigen; doch Gott kennt eure Herzen. Und was unter den Menschen hoch geschätzt wird, das ist Gott ein Gräuel.

16. Wer sich von seiner Frau scheidet und eine andere heiratet, der bricht die Ehe; und wer die von ihrem Mann Geschiedene heiratet, der bricht ebenfalls die Ehe.

17. Einst kleidete sich ein reicher Mann in Purpur und kostbares Leinen und lebte stets prunkvoll und in Freuden.

18. Eines Tages lag ein Armer namens Lazarus vor seiner Tür, von Geschwüren übersät,

19. Und der hoffte, sich mit den Resten zu sättigen, die vom Tisch des reichen Herrn übrig blieben; die Hunde kamen herbei und leckten seine Geschwüre.

20. Schließlich starb der Arme; und er wurde von den Engeln in Abrahams Schoß getragen. Wenig später starb auch der Reiche und wurde bestattet.

21. Als dieser nun in die Hölle kam und die Augen voller Qual öffnete, erblickte er von Weitem Abraham, und Lazarus saß auf dessen Schoß.

22. Da rief er aus: Vater Abraham, hab Erbarmen mit mir! Schicke Lazarus zu mir, damit er seine Finger mit Wasser benetze und mir die Zunge kühle, denn ich leide furchtbare Qualen in diesen Flammen!

23. Abraham aber sprach: Sohn, bedenke:, dass du alles Gute bereits im Leben erfahren hast, und Lazarus so viel Böses; nun wird er hier getröstet, und du wirst gepeinigt.

24. Außerdem klafft zwischen uns hier und euch dort ein Abgrund: Niemand, der von hier zu euch gelangen wollte, vermag dies – und auch kann keiner von euch zu uns gelangen.

25. Da antwortete der Mann: Dann bitte ich Dich, Vater, ihn ins Haus meines Vaters zu senden;

26. Denn ich habe noch fünf Brüder. Die soll er warnen, damit sie nicht auch an diesem qualvollen Ort enden!

27. Abraham sprach: Sie haben Mose und die Propheten; deren Gebote sollen sie befolgen.

28. Er aber entgegnete: Nein, Vater Abraham! Nur wenn ein Toter zu ihnen zurückkehrt, werden sie Buße tun.

29. Doch Abraham sagte: Wenn sie nicht auf Mose und die Propheten hören, dann werden sie sich auch nicht von jemandem überzeugen lassen, der von den Toten zurückkehrt.

30. Jesus sprach zu seinen Jüngern: Es ist unmöglich, nicht in Versuchung zu geraten; aber wehe dem, durch den die Versuchung kommt!

31. Für den wäre es besser, wenn man ihm einen Mühlstein um den Hals hängte und ihn im Meer versenkte, als dass er einen der Geringsten dazu verführte, abzufallen.

32. Seid auf der Hut! Wenn dein Bruder gegen dich sündigt, dann weise ihn zurecht. Und wenn er es bereut, dann vergib ihm.

33. Und wenn er siebenmal am Tag gegen dich sündigen würde und dann siebenmal zu dir käme und spräche: Ich bereue es!, dann sollst du ihm vergeben.

34. Wer von euch jedoch würde einen Knecht, der vom Feld zurückkehrt, wo er gepflügt oder das Vieh gehütet hat, auffordern, sich dann sogleich an seinen Tisch zu setzen und zu essen?

35. Würdet ihr nicht vielmehr zu ihm sagen: Bereite mir das Abendessen, zieh dich um und diene mir so lange, bis ich gegessen und getrunken habe; erst danach sollst auch du essen und trinken?

36. Dankt man etwa dem Knecht, dass er das getan hat, was ihm aufgetragen wurde? Sicher nicht!

37. So sei es auch mit euch: Nachdem ihr alles getan habt, was euch befohlen wurde, so sprecht: Wir sind nutzlose Knechte; wir haben das getan, was uns zu tun geheißen wurde.

38. Als die Pharisäer von Jesus zu wissen verlangten: Wann kommt das Reich Gottes?, da antwortete er ihnen: Das Reich Gottes kommt nicht so, dass man es kommen sehen wird.

39. Und so wie es zu Zeiten Noahs war, so wird es auch in den Tagen des Menschensohns sein.

40. Denn sie aßen, tranken, heirateten, ließen sich vermählen bis zu dem Tag, an dem Noah die Arche bestieg, bis die Sintflut hereinbrach und sie alle umbrachte.

41. Und es wird so auch sein wie zu den Zeiten Lots: Sie aßen, tranken, sie kauften, sie verkauften, sie pflanzten, sie bauten;

42. Doch an dem Tag, als Lot Sodom verließ, regnete es Feuer und Schwefel vom Himmel und brachte sie alle um.

43. Und genauso wird es auch geschehen an dem Tag, da der Menschensohn sich offenbart.

44. Wer an jenem Tag auf dem Dach steht und seine Sachen im Haus hat, der soll nicht hinabsteigen, um sie zu holen. Und wer auf dem Feld ist, der soll sich nicht umdrehen nach dem, was hinter ihm liegt.

45. Denkt an Lots Frau!

46. Wer sein Leben zu retten versucht, der wird es verlieren; und wer es verlieren wird, der wird das Leben gewinnen.

47. Ich sage euch: In jener Nacht werden zwei auf einem Bett liegen; der eine wird aufgenommen, der andere wird preisgegeben werden.

48. Und zwei Frauen werden gemeinsam das Korn mahlen; und die eine wird aufgenommen, die andere wird preisgegeben werden.

49. Und er fuhr mit einem Gleichnis fort, mit dem Inhalt, dass sie immerzu beten und dessen nicht müde werden sollten.

50. Er sprach: Einst war ein Richter in einer Stadt, der kannte keine Gottesfurcht und scheute sich vor keinem Menschen.

51. In derselben Stadt lebte eine Witwe; die kam zu ihm und sprach: Verschaffe mir mein Recht gegen meinen Widersacher!

52. Doch er sträubte sich zunächst dagegen. Dann aber dachte er sich: Zwar fürchte ich mich weder vor Gott noch irgendeinem Menschen,

53. Doch will ich dieser Witwe, die mir so viel Mühe bereitet, zu ihrem Recht verhelfen; nicht, dass sie mich noch durch ihr dauerndes Drängen zur völligen Erschöpfung treibt.

54. Und der Herr sprach: Hört, was dieser ungerechte Richter sagt!

55. Und wird nicht auch Gott seinen Auserwählten zum Recht verhelfen, die ihn Tag und Nacht anrufen, selbst wenn es sich lange hinzieht?

56. Ich sage euch: Gott wird ihnen Genüge tun, und zwar schnell! Doch wenn der Menschensohn erscheint, meint ihr wirklich, er wird auf der Erde viel Glauben an Gott vorfinden?

57. Dann erzählte Jesus für die, die sich für rechtschaffen halten und andere doch verachten, das folgende Gleichnis:

58. Es gingen zwei Menschen zum Tempel hinauf, um zu beten; der eine war ein Pharisäer, der andere ein Zöllner.

59. Der Pharisäer stand allein und betete: Gott, ich danke dir, dass ich nicht so bin wie all die anderen Leute, wie die Räuber, Betrüger, Ehebrecher oder dieser Zöllner hier!

60. Sieh, ich faste zweimal in der Woche und gebe den Zehnten her von allem, was ich einnehme.

61. Der Zöllner hingegen stand abseits, er wollte den Blick nicht zum Himmel erheben, sondern schlug sich an die Brust und betete: Gott, sei mir Sünder gnädig!

62. Ich sage euch: Dieser Zöllner ging gerechtfertigt und erlöst zurück nach Haus; nicht jener Pharisäer. Denn wer sich selbst erhöht, der wird erniedrigt werden; und wer sich selbst erniedrigt, der wird erhöht werden.

63. Und als sie weiterzogen, kamen sie in ein Dorf. Dort lebte eine Frau namens Marta, die nahm Jesus auf.

64. Sie hatte eine Schwester namens Maria; diese setzte sich ihm zu Füßen und lauschte seinen Worten.

65. Marta hingegen strengte sich sehr an, ihm zu dienen. Da trat sie zu ihm und fragte: Herr, wieso nimmst du keinen Anstoß daran, dass meine Schwester mich alle alleine bedienen lässt? Fordere sie doch auf, mir zu helfen!

66. Jesus aber antwortete: Marta, Marta, du bemühst und sorgst dich um viele Dinge.

67. Doch nur eine Sache muss wirklich getan werden. Maria hat diesen guten Teil gewählt; dies soll ihr nicht genommen werden.

KAPITEL XI

1. Und als Jesus seine Reden beendet hatte, verließ er Galiläa und kam in das Gebiet jenseits des Jordan, nach Judäa;

2. Und eine große Menge folgte ihm.

3. Da traten Pharisäer vor ihn und versuchten ihn in Verlegenheit zu bringen; sie sprachen: Ist es erlaubt, dass sich ein Mann aus irgendeinem Grund von seiner Frau scheidet?

4. Jesus antwortete: Habt ihr nicht gelesen? Der, der im Anfang den Menschen geschaffen hat, der schuf sie als Mann und Frau!

5. Deshalb wird ein Mann Vater und Mutter verlassen und er wird an seiner Frau hängen; und die zwei werden ein Fleisch sein.

6. Also sind sie nun nicht mehr zwei, sondern sie sind ein Fleisch! Und was Gott zusammengefügt hat, das soll der Mensch nicht trennen.

7. Da entgegneten sie: Und warum hat Moses dann das Gebot gesprochen, der Mann soll der Frau einen Scheidebrief geben, wenn er sich von ihr scheidet?

8. Da sprach Jesus: Mose hat euch erlaubt, euch von euren Frauen zu scheiden, der Härte eures Herzens wegen; doch von Anbeginn war es nicht so gewesen.

9. Ich sage euch dies: Wer sich von seiner Frau scheidet, außer wegen Ehebruchs, und dann eine andere heiratet, der bricht die Ehe. Und wer wiederum diejenige heiratet, die geschieden wurde, begeht Ehebruch.

10. Da riefen seine Jünger: Ist das Verhältnis zwischen einem Mann und einer Frau so, dann ist es nicht gut, zu heiraten.

11. Er antwortete ihnen: Die Bedeutung dieser Worte erfassen nicht alle; sondern nur die, denen dies gegeben ist.

12. Einige sind gewiss von Geburt an körperlich unfähig zur Ehe; und andere sind unfähig gemacht worden; und wieder andere haben sich um des Himmelreichs willen unfähig gemacht. Wer dies fassen kann, der fasse es!

13. Und es wurden Kinder zu Jesus gebracht, damit er ihnen die Hände auflege und bete. Die Jünger aber wollten dies verhindern.

14. Doch Jesus sprach: Lasst sie gewähren und haltet sie nicht ab, zu mir zu kommen! Denn diesen hier gehört das Himmelreich.

15. Und er legte ihnen die Hände auf und zog dann weiter.

16. Später trat ein junger Mann vor ihn und fragte: Guter Meister, welche gute Tat muss ich vollbringen, um das ewige Leben zu erlangen?

17. Jesus antwortete ihm. Warum nennst du mich gut? Gut ist nur einer, und zwar Gott. Willst du aber zum Leben finden, so achte die Gebote.

18. Der Mann fragte: Welche Gebote? Jesus sprach: Du sollst nicht töten. Du sollst nicht ehebrechen. Du sollst nicht stehlen. Du sollst kein falsches Zeugnis ablegen.

19. Ehre Vater und Mutter. Und: Du sollst deinen Nächsten lieben wie dich selbst.

20. Da sprach der Jüngling: Das alles habe ich seit meiner Jugend geachtet. Doch was fehlt mir noch?

21. Jesus sagte: Willst du vollkommen sein, so mach dich daran, alles zu verkaufen, was du besitzt, und verteile es unter den Armen; dann wirst du einen Schatz im Himmel haben. Und dann komm und folge mir!

22. Als der junge Mann diese Worte vernahm, zog er betrübt fort; denn er hatte viel Besitz.

23. Da wandte sich Jesus an seine Jünger und sprach: Wahrlich, ich sage euch: Ein Reicher wird schwerlich ins Himmelreich kommen.

24. Ich sage euch dies: Es ist leichter, dass ein Kamel durch ein Nadelöhr ginge, als dass ein Reicher ins Reich Gottes gelange.

25. Als seine Jünger dies hörten, waren sie ganz und gar beunruhigt und fragten: Aber wer kann dann je selig werden?

26. Jesus sah sie an und sprach: Bei den Menschen ist dies unmöglich; aber bei Gott ist alles möglich!

27. Denn das Himmelreich gleicht einem Hausherrn, der früh am Morgen loszog, um Arbeiter für seinen Weinberg anzuwerben.

28. Und als er sich mit seinen Arbeitern geeinigt hatte auf einen Silbergroschen Tagelohn, sandte er sie in seinen Weinberg.

29. Zur dritten Stunde ging der Herr aus und begegnete einigen Männern auf dem Markt, die müßig herumstanden.

30. Er sprach sie an: Geht doch auch ihr arbeiten in meinen Weinberg! Ich will euch angemessen entlohnen. Und sie willigten ein.

31. Der Herr zog nochmals aus zur sechsten und zur neunten Stunde und tat dasselbe.

32. Als er um die elfte Stunde erneut loszog und wieder andere müßig herumstehen sah, sprach er auch sie an. Was steht ihr den ganzen Tag nur müßig herum?

33. Sie entgegneten ihm: Es hat uns ja niemand eingestellt! Da sagte er ihnen: So geht auch ihr hin in meinen Weinberg arbeiten. Und ihr werdet angemessen entlohnt werden.

34. Und als es Abend wurde, sprach der Herr zum Verwalter seines Weinbergs: Ruf die Arbeiter zusammen und zahle ihnen ihren Lohn aus. Beginne beim letzten und ende mit den ersten!

35. Dann kamen die herbei, die um die elfte Stunde eingestellt worden waren, und empfingen ihren Silbergroschen.

36. Als aber die kamen, die zuerst eingestellt worden waren, erwarteten sie, mehr Lohn zu erhalten als diese; doch auch sie empfingen jeder einen Silbergroschen.

37. Als sie ihr Geld erhlaten hatten, beklagten sie sich beim Hausherrn

38. Und hielten ihm vor: Diese hier haben doch nur eine Stunde gearbeitet; doch du hast sie ebenso hoch entlohnt wie uns, die wir den ganzen Tag in der Hitze geschuftet haben!

39. Der Herr antwortete einem von ihnen: Mein Freund, ich tue dir kein Unrecht! Denn hast du dich nicht mit mir auf einen Silbergroschen geeinigt?

40. Also nimm, was dir zusteht, und geh! Es ist mein Wille, diesen zuletzt Angeheuerten dasselbe zu zahlen wie dir.

41. Kann ich nicht selbst entscheiden über mein Eigentum? Blickst du etwa deshalb so böse umher, weil ich gütig bin?

42. So werden die Letzten die Ersten sein, und die Ersten werden die Letzten sein. Denn viele werden gerufen, aber nur weniger auserwählt.

43. Und Jesus begab sich nach Jericho und zog durch die Stadt.

44. Dort lebte ein Mann namens Zachäus, der war ein Anführer der Zöllner und sehr reich.

45. Er wollte unbedingt Jesus begegnen und erfahren, wer er sei; doch es gelang ihm wegen der großen Menschenmenge nicht und weil er von kleiner Gestalt war.

46. Also lief er voraus und kletterte auf einen Maulbeerfeigenbaum, um ihn erblicken zu können, denn der Baum lag auf dem Weg Jesu.

47. Und als Jesus vorüberkam, sah er ihn auf dem Baum und sprach: Zachäus, steig schnell herab! Ich will heute in deinem Haus Gast sein.

48. Und er stieg eilig herunter und nahm Jesus voller Freude zu Hause auf.

49. Als die anderen dies sahen, empörten sie sich und sprachen: Bei einem Sünder ist er eingekehrt!

50. Zachäus aber trat vor Jesus und sagte: Siehe, Herr! Ich gebe die Hälfte meines Besitzes den Armen. Und wenn ich je jemanden betrogen habe, so werde ich es ihm vierfach zurückgeben.

51. Da sprach Jesus zu ihm: Heute ist diesem Haus Heil widerfahren; denn auch er ist Abrahams Sohn.

52. Denn der Menschensohn ist gekommen, um zu suchen und zu erretten, was verloren ist.

53. Und als sie ihm zuhörten, erzählte Jesus ein weiteres Gleichnis; denn er war nicht weit entfernt von Jerusalem, und jeder meinte, dort werde das Reich Gottes sogleich offenbar werden.

54. Jesus sprach deshalb: Ein Fürst zog in ein fernes Land, um ein Königreich für sich zu gewinnen und dann zurückzukehren.

55. Er ließ seine zehn Knechte zu sich rufen, gab ihnen zehn Pfund und befahl ihnen: Handelt damit, bis ich wiederkomme!

56. Doch seine Untertanen waren ihm feindlich gesinnt. Sie schickten ihm eine Gesandtschaft nach und ließen ihm bestellen: Wir wollen nicht, dass dieser als König über uns herrscht!

57. Als der Fürst das Königtum erlangt hatte und zurückkehrte, rief er die Knechte zu sich, denen er sein Geld anvertraut hatte, und fragte sie, was sie durch Handel erreicht hatten.

58. Da erhob sich der erste und sprach: Herr, dein Pfund hat zehn Pfund eingebracht!

59. Der König sprach: Recht so, du tüchtiger Knecht! Weil du in einer solch geringen Sache so viel Treue bewiesen hast, sollst du die Macht über zehn Städte erhalten!

60. Da trat der zweite vor ihn und sagte: Herr, dein Pfund hat fünf Pfund eingebracht!

61. Zu dem sprach der König: Du sollst die Macht über fünf Städte erhalten!

62. Dann trat ein weiterer Knecht vor ihn und sprach: Herr, schau, hier ist dein Pfund. Ich habe es in einem Tuch verwahrt;

63. Denn ich hatte Angst vor dir, weil du ein hartherziger Mann bist. Du nimmst, was du nicht angelegt hast, und du erntest, was du nicht gesät hast.

64. Da erwiderte der König: Mit deinen eigenen Worten richte ich dich, du übler Knecht! Denn wenn du wusstest, dass ich ein hartherziger Mann bin, dass ich nehme, was ich nicht angelegt habe, und ernte, was ich nicht gesät habe,

65. Wieso hast du dann mein Geld nicht zur Bank gebracht? Dann hätte ich es mit Zinsen einfordern können!

66. Und er befahl: Nehmt ihm das Pfund ab und gebt es dem, der zehn Pfund hat!

67. Sie sprachen: Aber Herr, der hier hat doch schon zehn Pfund!

68. Er aber sagte: Wer da hat, dem wird gegeben werden; von dem aber, der nichts hat, wird auch das genommen werden, was er hat.

69. Und all meine Feinde hier, die nicht wollten, dass ich ihr König werde: Bringt sie zu mir und streckt sie vor mir nieder!

70. Als Jesus zu Ende geredet hatte, machte er sich auf und zog weiter nach Jerusalem.

KAPITEL XII

1. Und als sie in die Nähe von Jerusalem kamen, nach Betfage am Ölberg, da sandte Jesus zwei Jünger voraus

2. Und er sprach zu ihnen: Geht in das Dorf, das vor euch liegt. Ihr werdet dort gleich eine angebundene Eselsstute vorfinden mit ihrem Fohlen. Bindet sie los und bringt sie zu mir!

3. Und wenn jemand etwas dagegen einwendet, so sprecht dies: Der Herr bedarf ihrer! Und sogleich wird er sie euch überlassen.

4. Die Jünger zogen los und taten, was er sie geheißen hatte,

5. Sie brachten ihm die Eselin und das Fohlen, legten ihre Kleider über sie, und Jesus setzte sich darauf.

6. Da breitete eine große Menschenmenge ihre Kleider vor ihm aus; andere schnitten Zweige von den Bäumen und streuten sie vor ihm auf den Weg.

7. Und als er in Jerusalem einzog, war die ganze Stadt in Aufregung; jeder wollte wissen: Wer ist jener hier?

8. Die Pharisäer berieten sich und sagten untereinander: Seht, wir können nichts gegen ihn ausrichten; alle Welt folgt ihm nach.

9. Unter den Menschen, die in die Stadt gezogen waren zum Feiern und Beten, waren auch einige Griechen;

10. Diese suchten Philippus auf, der aus Betsaida in Galiläa stammte, und baten ihn: Herr, wir möchten gern Jesus sehen!

11. Und Philippus erzählte dies Andreas, und beide trugen es Jesus vor.

12. Und Jesus sprach: Die Zeit ist in der Tat gekommen, dass der Menschensohn verherrlicht werden soll!

13. Wahrlich, ich sage euch: Wenn das Weizenkorn nicht in die Erde fällt und dort stirbt, bleibt es allein; wenn es aber stirbt, dann bringt es viele Früchte!

14. Und er ließ sie zurück, verließ die Stadt in Richtung Betanien und blieb dort über Nacht.

15. Und am nächsten Tag, als sie aus Betanien wieder zurückgekehrt waren,

16. Ging Jesus in den Tempel und begann dort, die Händler und ihre Kunden zu vertreiben; die Tische der Geldwechsler und die Marktstände der Taubenhändler stieß er um;

17. Und er ließ nicht zu, dass jemand irgendwelche Behältnisse durch den Tempel trage.

18. Dann ergriff er das Wort und sagte: Steht nicht geschrieben, mein Haus soll ein Bethaus sein für alle Völker? Ihr aber habt eine Räuberhöhle daraus gemacht!

19. Dies hörten die Hohepriester und Schriftgelehrten und sie berieten sich, wie sie Jesus umbringen könnten; denn sie fürchteten ihn, weil alles Volk begeistert war von seinen Reden.

20. Und abends zog er vor die Tore der Stadt.

21. Als sie wieder in die Stadt zurückkehrten und Jesus sich im Tempel aufhielt, gingen die Hohepriester, Schriftgelehrten und Ältesten zu ihm.

22. Und Jesus sagte zu ihnen: Wie denkt ihr darüber? Einst hatte ein Mann zwei Söhne. Er ging zu dem ersten und sprach: Mein Sohn, geh und arbeite heute in meinem Weinberg!

23. Dieser aber erwiderte: Nein, ich will nicht! Doch wenig später reute es ihn, und er ging doch.

24. Da ging der Vater zum zweiten Sohn und sprach dasselbe. Der sagte sogleich: Ja, Vater! Aber er ging nicht hin.

25. Wer von beiden hat nun des Vaters Willen vollzogen? Sie antworteten ihm: Der Erste! Jesus aber sprach zu ihnen: Wahrlich, ich sage euch, eher kommen die Zöllner und Huren ins Himmelreich als ihr!

26. Höret ein anderes Gleichnis!

27. Ein Mann legte einen Weinberg an. Er hegte ihn ein, grub einen Platz für die Kelter und errichtete einen Turm. Dann verpachtete er den Weinberg an mehrere Weingärtner und begab sich außer Landes.

28. Und als die Zeit reif war, sandte er einen Knecht zu den Weingärtnern, damit er von diesen seinen Anteil am Ertrag einfordere.

29. Die Weingärtner aber ergriffen den Knecht, schlugen ihn und schickten ihn mit leeren Händen weg.

30. Da schickte der Mann einen anderen Knecht aus; doch den bewarfen sie mit Steinen und verletzten ihn am Kopf und schickten ihn fort, nachdem sie ihn so schmählich behandelt hatten.

31. Er sandte einen weiteren Knecht aus; den töteten sie. Und noch viele weitere, die er losschickte, wurden entweder geschlagen oder getötet.

32. Schließlich blieb ihm nur noch sein geliebter einziger Sohn; den sandte er als Letzten aus. Denn er sagte sich: Vor meinem Sohn werden sie zurückscheuen.

33. Doch die Weingärtner sagten sich: Dieser hier ist der Erbe. Kommt, lasst ihn uns töten, dann wird sein Erbe unser sein!

34. Und sie ergriffen ihn, erschlugen ihn und warfen ihn vor den Weinberg.

35. Was aber soll nun der Herr des Weinbergs tun? Er wird kommen, alle Weingärtner umbringen und den Weinberg an andere verpachten!

36. Als die Hohepriester und Pharisäer die Gleichnisse gehört hatten, erkannten sie auf einmal, dass Jesus von ihnen redete.

37. Und sie trachteten ihm nach dem Leben; doch sie fürchteten das Volk, denn dieses hielt ihn für einen Propheten.

38. Jesus aber erhob wieder die Stimme und fuhr fort, in Gleichnissen zu reden:

39. Das Himmelreich gleicht einem König, der die Hochzeit seines Sohnes ausrichtete.

40. Und er sandte seine Knechte aus, um die Hochzeitsgäste herbeizurufen. Doch die Gäste wollten nicht kommen.

41. Da schickte er andere Knechte los und trug ihnen auf: Sagt den Gästen, das Festmahl ist bereitet, meine Ochsen und mein Mastvieh sind geschlachtet, alles steht bereit; kommt alle zur Hochzeit!

42. Doch sie verschmähten seine Einladung und gingen ihrer Wege; der eine auf sein Feld, der andere in sein Geschäft.

43. Einige aber ergriffen gar die Knechte, verspotteten und erschlugen sie.

44. Da wurde der König zornig; er schickte sein Heer aus, um die Mörder umzubringen und ihre Städte niederzubrennen.

45. Anschließend sprach er zu seinen Knechten: Die Hochzeit ist zwar vorbereitet, aber die Gäste waren es nicht wert!

46. Deshalb geht hinaus auf die Straßen und ladet jeden zur Hochzeit ein, den ihr gerade antrefft.

47. Und die Knechte zogen aus und brachten an der Tafel des Königs alle zusammen, die sie vorfanden, böse wie gute Menschen; und die Tische wurden alle voll.

48. Als der König unter die Feiernden trat, um die Gäste in Augenschein zu nehmen, erblickte er einen Mann, der kein hochzeitliches Gewand trug.

49. Er sprach zu ihm: Freund, wie bist du hier hereingekommen, da du gar nicht festlich gekleidet bist? Der Mann aber schwieg.

50. Da befahl der König den Dienern: Fesselt ihm die Hände und Füße und werft ihn hinaus in die dunkle Nacht! Da wird Heulen und Zähneknirschen sein!

51. Denn viele sind berufen; aber nur wenige sind auserwählt.

52. Die Pharisäer versammelten und beratschlagten sich, wie sie Jesus anhand seiner Worte überführen konnten.

53. Sie sandten ihre Gefolgschaft samt einigen Anhängern von Herodes zu ihm. Diese sprachen: Meister, uns ist bewusst, dass du wahrhaftig bist und den richtigen Weg Gottes predigst; und du fühlst dich niemandem verpflichtet, denn du achtest nicht auf das Ansehen der Menschen.

54. Darum sage uns bitte, wie ist deine Meinung: Ist es recht, dem Kaiser Steuern zu zahlen oder nicht?

55. Doch Jesus durchschaute ihre listige Bosheit und antwortete: Ihr Heuchler, warum wollt ihr mich in Versuchung bringen?

56. Zeigt mir eine Steuermünze! Und sie reichten ihm einen Silbergroschen.

57. Und er sprach: Wessen Bild und Aufschrift ist das auf der Münze?

58. Sie sprachen zu ihm: Des Kaisers! Da erwiderte Jesus: So gebt dem Kaiser, was des Kaisers ist, und Gott, was Gottes ist!

59. Als die dies vernahmen, waren sie sehr verwundert, ließen von ihm ab und entfernten sich.

60. Am selben Tag suchten ihn auch die Sadduzäer auf, die da lehren, dass es keine Auferstehung gebe; sie fragten Jesus:

61. Meister, Mose hat gelehrt: Wenn einer kinderlos stirbt, solle sein Bruder seine Frau heiraten und mit ihr Nachkommen für den Bruder zeugen.

62. Nun waren da sieben Brüder; der erste heiratete und starb, und da er keine Nachkommen hatte, hinterließ er seine Frau seinem Bruder.

63. Desgleichen geschah es mit dem zweiten, mit dem dritten und so weiter, bis zum siebenten.

64. Und zuletzt, nach allen sieben Brüdern, starb auch die Frau.

65. Wenn sie nun aber aufersteht, wessen Frau wird sie dann sein von diesen sieben? Sie hatten sie ja alle gehabt.

66. Jesus aber antwortete: Ihr irrt, weil ihr weder die Schrift kennt noch die Kraft Gottes.

67. Denn in der Auferstehung werden sie weder heiraten noch sich vermählen lassen; sie sind vielmehr wie die Engel im Himmel.

68. Habt ihr nicht gelesen, was euch von Gott über die Auferstehung verkündet wurde, der da spricht:

69. Ich bin der Gott Abrahams und der Gott Isaaks und der Gott Jakobs? Gott ist nicht ein Gott der Toten, sondern der Lebenden!

70. Als das Volk dies vernahm, staunte es sehr über seine Lehre.

71. Da trat einer der Schriftgelehrten vor ihn, der ihren Disput vernommen hatte; und da er erkannte, dass Jesus ihnen wohl geantwortet hatte, fragte er ihn: Welches ist das höchste Gebot von allen?

72. Jesus antwortete ihm: Das höchste Gebot ist dieses: Höre, Israel, der Herr, unser Gott, ist der einzige Gott;

73. Und du sollst den Herrn, deinen Gott, von ganzem Herzen lieben, von ganzer Seele, von ganzem Gemüt und mit all deinen Kräften! Das ist das erste Gebot.

74. Und das andere Gebot ist dieses: Du sollst deinen Nächsten lieben wie dich selbst! Kein anderes Gebot ist größer als diese beiden.

75. Diese beiden Gebote enthalten das gesamte Gesetz und das, was die Propheten sagen!

76. Da sprach der Schriftgelehrte: Meister, du hast wahrhaftig das Richtige gesagt! Es ist nur Einer, und außer ihm ist kein anderer;

77. Und ihn zu lieben von ganzem Herzen, von ganzem Gemüt, aus tiefster Seele und mit allen Kräften, und seinen Nächsten zu lieben wie sich selbst – das ist wahrlich mehr als alle Brand- und Schlachtopfer wert!

KAPITEL XIII

1. Dann wandte sich Jesus dem Volk und seinen Jüngern zu

2. Und sprach: Auf dem Stuhl Moses' sitzen die Schriftgelehrten und Pharisäer.

3. Ihr sollt das tun und befolgen, was sie euch sagen; aber nach ihren Werken sollt ihr nicht handeln! Denn sie sagen es zwar, aber sie tun es nicht.

4. Sie binden schwere und unerträgliche Lasten und legen sie auf die Schultern der Menschen, doch sie selbst wollen keinen Finger krümmen.

5. Was sie an Werken tun, das tun sie, damit sie von den Menschen gesehen werden. Sie machen ihre Gebetsriemen breit und die Quasten ihrer Kleidung groß.

6. Bei Tisch und in den Synagogen sitzen sie ger,n obenauf,

7. Und sie lieben es, sich auf dem Markt grüßen zu lassen und mit »Rabbi, Rabbi!« angesprochen zu werden.

8. Doch ihr sollt euch nicht Rabbi nennen lassen; denn nur einer ist euer Meister. Ihr aber seid alle Brüder!

9. Und ihr sollt auch niemanden unter euch auf Erden Vater nennen; denn nur einer ist euer Vater, und der ist im Himmel!

10. Auch sollt ihr euch nicht Lehrer nennen lassen; denn nur einer ist euer Lehrer: Christus.

11. Wer jedoch unter euch der Größte ist, der soll euer Diener sein!

12. Und wer sich selbst erhöht, der wird erniedrigt; und wer sich selbst erniedrigt, der wird erhöht.

13. Wehe euch, ihr Schriftgelehrten und Pharisäer, ihr Heuchler, denn ihr verschließt den Menschen das Himmelreich! Ihr geht gewiss nicht hinein; aber selbst die, die den Einlass begehren, die lasst ihr nicht hinein.

14. Wehe euch, ihr Schriftgelehrten und Pharisäer, ihr Heuchler! Denn ihr eignet euch die Häuser von Witwen an, und ihr haltet lange Gebete, um euch einen guten Anschein zu geben; daher sollt ihr die größere Verdammnis erfahren.

15. Wehe euch, ihr Schriftgelehrten und Pharisäer, ihr Heuchler! Denn ihr durchquert das Land und die Meere, um einen einzigen Fremden zu bekehren; und wenn ihr einen gewonnen habt, dann macht ihr aus ihm ein Kind der Hölle, gar doppelt so schlimm wie ihr selbst!

16. Wehe euch, ihr verblendeten Anführer, die ihr predigt: Wenn einer beim Tempel schwört, gilt es nichts, doch wenn er beim Gold des Tempels schwört, ist er daran gebunden.

17. Ihr Narren und Blinden! Was ist denn wohl wert – das Gold oder der Tempel, der das Gold heiligt?

18. Oder wenn einer beim Altar schwört, so gilt es nichts. Wenn aber einer beim Opfer schwört, das darauf dargebracht wird, so gilt es.

19. Ihr Blinden! Was ist mehr wert – das Opfer oder der Altar, der das Opfer heiligt?

20. Deshalb: Wer beim Altar schwört, der schwört bei ihm und allem, was darauf liegt!

21. Und wer beim Tempel schwört, der schwört bei ihm und bei allem, was darin wohnt!

22. Und wer beim Himmel schwört, der schwört beim Thron Gottes und dem, der darauf sitzt!

23. Wehe euch, ihr Schriftgelehrten und Pharisäer, ihr Heuchler! Ihr gebt den Zehnten von Minze, Dill und Kümmel, aber ihr lasst das Wichtigste im Gesetz außen vor – nämlich das Recht, die Barmherzigkeit und den Glauben! Man soll dieses tun, aber jenes nicht lassen!

24. Ihr verblendeten Führer; ihr siebt eine Mücke aus, aber ihr schluckt ein Kamel.

25. Wehe euch, ihr Schriftgelehrten und Pharisäer, ihr Heuchler, die ihr die Becher und Schüsseln außen putzt und poliert, doch innen strotzen sie von Raub und Habgier!

26. Du blinder Pharisäer, reinige zuerst das Innere des Bechers, damit auch das Äußere rein wird!

27. Wehe euch, ihr Schriftgelehrten und Pharisäer, ihr Heuchler! Ihr seid wie die frisch getünchten Grabstätten; von außen hübsch anzusehen, aber innen sind sie voller Totengebeine und Unrat!

28. So seid auch ihr: Von außen betrachtet erscheint ihr fromm, doch innen seid ihr voller Heuchelei und Unrecht!

29. Wehe euch, ihr Schriftgelehrten und Pharisäer, ihr Heuchler – die ihr Grabmäler für die Propheten errichtet und die Gräber der Gerechten schmückt

30. Und die ihr sprecht: Ach, hätten wir doch nur zu Zeiten unserer Väter gelebt, dann hätten wir uns nicht mit ihnen gemeinsam am Blut der Propheten versündigt!

31. Damit legt ihr nur Zeugnis davon ab, dass ihr die Kinder der Prophetenmörder seid!

32. Wohlan, so macht auch ihr das Maß eurer Väter voll!

33. Ihr Schlangen! Ihr Otternbrut! Wie wollt ihr der Verdammnis der Hölle entrinnen?

34. Und Jesus nahm gegenüber vom Opferstock Platz und beobachtete, wie das Volk dort Geld einwarf. Und viele reiche Leute legten viel Geld hinein.

35. Da kam eine arme Witwe und legte zwei Scherflein ein, zusammengenommen einen Pfennig.

36. Da rief Jesus seine Jünger herbei und sprach: Wahrlich, ich sage euch, diese arme Witwe hier hat mehr in den Opferstock gelegt als alle, die vor ihr etwas hineingelegt haben!

37. Denn diese alle haben nur von ihrem Überfluss etwas abgegeben; diese aber hat trotz ihrer Armut all ihre Habe, alles, was ihr zum Leben blieb, hingegeben!

38. Und Jesus verließ das Tempelinnere; seine Jünger traten herbei und zeigten ihm die übrigen Gebäude des Tempels.

39. Er aber rief: Erkennt ihr nicht dies alles? Wahrlich, ich sage euch: Hier wird nicht ein Stein auf dem anderen bleiben und nicht zerbrochen werden!

40. Dann soll jedermann in Judäa in die Berge flüchten!

41. Und wer auf dem Dach steht, soll nicht hinabsteigen, um seine Habe aus dem Haus zu holen;

42. Und wer auf dem Feld ist, soll nicht zurückkehren, um seinen Mantel zu holen.

43. Wehe den Schwangeren und Stillenden, wenn es so weit ist!

44. Bittet darum, dass eure Flucht nicht im Winter oder am Sabbat sein wird.

45. Denn es wird eine große Not herrschen, wie sie noch nie da war seit Anbeginn der Welt bis heute und wie sie auch nie wieder danach herrschen wird.

46. Gleich nach dieser Not wird sich die Sonne verfinstern, wird der Mond nicht mehr scheinen; die Sterne werden vom Himmel fallen und die Kräfte des Himmels ins Wanken geraten!

47. Lernt am Feigenbaum dieses Gleichnis: Wenn seine Zweige noch zart sind und Triebe ausschlagen, dann wisst ihr, dass der Sommer naht.

48. Und wenn ihr all dies seht, so wisst ihr, dass er naht und unmittelbar bevorsteht.

49. Den genauen Tag aber oder die Stunde kennt niemand, nein, auch nicht die Engel im Himmel, auch der Sohn nicht. Sondern nur mein Vater weiß es.

50. Denn so wie es zu Zeiten Noahs war, so wird sich auch die Ankunft des Menschensohns vollziehen:

51. Denn bis zum Tage der Sintflut lebten sie wie eh und je, sie aßen, sie tranken, sie heirateten und ließen sich vermählen; bis zu dem Tag, an dem Noah die Arche bestieg.

52. Und ahnten nichts, so lange, bis die Sintflut kam und sie alle dahinraffte. Und so wird es auch sein bei der Ankunft des Menschensohns.

53. Dann werden zwei auf dem Feld sein: Der eine wird aufgenommen, der andere wird preisgegeben.

54. Und zwei Frauen werden das Korn mahlen: Die eine wird aufgenommen, und die andere wird preisgegeben.

55. Deshalb habt acht: Denn ihr wisst nicht, an welchem Tag euer Herr kommt.

56. Bedenkt dies: Wenn ein Hausvater gewusst hätte, zu welcher Stunde in der Nacht ein Dieb einsteigt, dann wäre er bereit gewesen, hätte Wacht gehalten und den Einbruch vereitelt.

57. Darum seid auch ihr bereit!

58. Welcher ist der treue und weise Knecht, den der Herr als Vorstand seines Hauses eingesetzt hat, damit er allen darin zur rechten Zeit zu essen gebe?

59. Gesegnet ist der Knecht, den sein Herr dies tun sieht, wann immer er gerade kommt!

60. Wahrlich, ich sage euch, dass er diesem Knecht alle seine Güter gern anvertrauen wird.

61. Wenn aber ein böser Knecht sich selbst sagt: Mein Herr kommt sicher noch lange nicht!

62. Und er fängt an, seine Mitknechte zu schlagen, und isst und trinkt mit den Betrunkenen:

63. Diesen wird der Herr ertappen an einem Tag, an dem er ihn nicht erwartet, und zu einer Stunde, die er nicht erahnt;

64. Und der Herr wird ihn in Stücke hauen lassen und ihm seinen Anteil bei den Heuchlern gewähren; und da wird Heulen und Zähneknirschen sein!

KAPITEL XIV

1. Auch wird das Himmelreich zehn Jungfrauen gleichen, die ihre Lampen nahmen und einem Brautwerber entgegenzogen.

2. Doch von denen waren fünf töricht und fünf klug:

3. Die törichten nahmen zwar ihre Lampen mit, aber kein Öl;

4. Die klugen aber nahmen ihre Lampen mitsamt Ölgefäßen mit.

5. Doch der Brautwerber ließ lange auf sich warten. Schließlich wurden sie alle müde und schliefen ein.

6. Gegen Mitternacht wurde gerufen: Sehet, der Brautwerber kommt endlich! Lasst uns ihm schnell entgegeneilen!

7. Die Jungfrauen erhoben sich, um ihre Lampen herzurichten;

8. Da wandten sich die törichten an die klugen und baten sie: Gebt uns von eurem Öl etwas ab, denn unsere Lampen leuchten nicht mehr!

9. Doch die klugen antworteten ihnen: Nein, denn für uns und für euch ist nicht genügend Öl da; geht zum Händler und kauft euer eigenes Öl!

10. Also liefen sie los zum Händler, und gerade als sie gegangen waren, erschien der Brautwerber. Und die Jungfrauen, die bereit waren, begaben sich mit ihm zur Trauung, und hinter ihnen wurden die Türen verschlossen.

11. Später kehrten die törichten Jungfrauen zurück und begehrten Einlass; sie riefen: Herr, oh Herr, bitte öffne uns!

12. Doch der Bräutigam sprach: Hört, ich kenne euch Frauen nicht!

13. Darum gebt acht!

14. Denn mit dem himmlischen Königsreich ist es ist wie mit jenem Herrn, der außer Landes zog; er rief seine Knechte zu sich und vertraute ihnen sein Vermögen an.

15. Dem einen gab er fünf Zentner Silber, dem anderen zwei, dem dritten einen; jeweils nach ihrer Tüchtigkeit; und dann reiste er ab.

16. Der, der fünf Zentner erhalten hatte, machte sich sogleich auf zu handeln und gewann bald fünf weitere Zentner hinzu,

17. Auch der, der zwei Zentner erhalten hatte, gewann zwei weitere dazu.

18. Der Knecht aber, dem nur ein Zentner gegeben wurde, der grub ein Loch in den Boden und versteckte dort das Silber.

19. Nach langer Zeit kehrte der Herr zurück und forderte seine Knechte auf, ihm Rechenschaft über das anvertraute Silber abzulegen.

20. Zuerst trat der vor ihn, dem er fünf Zentner gegeben hatte; er legte seinen Gewinn dazu und sprach: Herr, fünf Zentner hast du mir anvertraut, und siehe: Ich habe daraus weitere fünf Zentner erwirtschaftet!

21. Der Herr lobte ihn: Das hast du richtig gemacht, mein tüchtiger und treuer Knecht! Du bist mit Wenigem sehr sorgfältig umgegangen, deshalb will ich dich mit mehr belohnen! Komm in mein Haus, zum Wohlgefallen deines Herrn!

22. Als Nächstes kam der Knecht zu ihm, dem er zwei Zentner gegeben hatte, und sprach: Herr, diese zwei Zentner hast du mir anvertraut; siehe: Ich habe daraus zwei weitere Zentner erwirtschaftet!

23. Auch diesen lobte der Herr: Recht so, du tüchtiger und treuer Knecht! Du bist mit Wenigem sehr sorgfältig umgegangen, deshalb will ich dich mit mehr belohnen! Komm in mein Haus, zum Wohlgefallen deines Herrn!

24. Als Letzter kam der zu ihm, der nur einen Zentner empfangen hatte, und sprach: Herr, ich wusste, dass du ein hartherziger Mann bist; du erntest, obwohl du selbst nicht gesät hast, und du sammelst ein, wo du nichts verstreut hast;

25. Ich hatte Furcht, also ging ich hin und verbarg deinen Zentner in der Erde; hier, ich gebe ihn dir wieder zurück.

26. Sein Herr aber war erbost und sprach: Du böser, fauler Knecht! Du wusstest also, dass ich ernte, wo ich nicht gesät habe, und dass ich einsammele, wo ich nichts verstreut habe?

27. Dann hättest du mein Geld besser zu den Wechslern getragen, dann hätte ich es immerhin mit Zinsen zurückerhalten nach meiner Rückkehr!

28. Und der Herr befahl: Nehmt diesem Knecht seinen Zentner ab und gebt ihn dem, der zehn Zentner hat!

29. Denn wer hat, dem wird gegeben werden und der wird Fülle erlangen; wer aber nichts hat, dem wird noch das Wenige genommen, was er besitzt!

30. Hinaus in die dunkle Nacht mit diesem unnützen Knecht! Und da wird Heulen und Zähneknirschen sein.

31. Hütet euch davor, eure Herzen zu belasten mit Fressen, mit Saufen und mit täglichen Sorgen, damit der Tag, da der Menschensohn erscheint, nicht über euch kommt plötzlich und unerwartet!

32. Denn wie bei einer Falle, die plötzlich zuschnappt, wird er über alle, welche die Erde bewohnen, kommen!

33. Deshalb seid immerzu wachsam und betet, dass ihr für würdig befunden werdet, all dem zu entfliehen, was dann geschehen wird, und vor dem Menschensohn zu stehen!

34. Wenn der Menschensohn nämlich in all seiner Pracht erscheint und mit ihm all seine Engel, dann wird er auf dem Thron der Herrlichkeit Platz nehmen;

35. Und alle Völker werden vor ihm versammelt sein. Und er wird sie voneinander scheiden, so wie ein Hirte die Schafe von den Böcken trennt,

36. Der die Schafe zu seiner Rechten und die Böcke zu seiner Linken stellt.

37. Und denen zu seiner Rechten wird der König zurufen: Kommt her, ihr Gesegneten meines Vaters! Ihr erbt das Reich, das euch seit Anbeginn der Welt vorbestimmt ist!

38. Denn als ich hungrig war, habt ihr mir zu essen gegeben. Ich war durstig, und ihr habt mir zu trinken gegeben. Ich war ein Fremder, und ihr nahmt mich bei euch auf.

39. Ich war nackt, und ihr gabt mir Kleidung. Ich war krank, und ihr habt mich besucht. Ich war im Gefängnis eingesperrt, und ihr wart für mich da.

40. Und die Gerechten werden ihn fragen: Herr, wann haben wir dich je hungrig gesehen und dir zu essen gegeben? Wann haben wir dich durstig gesehen und dir zu trinken gegeben?

41. Wann warst du ein Fremder, den wir bei uns aufnahmen, oder wann warst du nackt und wir haben dich gekleidet?

42. Wann haben wir dich krank oder im Gefängnis gesehen und kümmerten uns um dich?

43. Dann wird ihnen der König antworten: Wahrlich, ich sage euch dies: Was ihr getan habt für einen meiner geringsten Brüder, das habt ihr für mich getan!

44. Und zu denen auf seiner Linken wird er sagen: Weichet von mir, ihr Verfluchten! Hinfort mit euch ins ewige Feuer, das dem Teufel und dessen Engeln bestimmt ist!

45. Denn ich bin hungrig gewesen, aber ihr gabt mir nichts zu essen. Ich bin durstig gewesen, doch ihr gabt mir nichts zu trinken.

46. Ich war ein Fremder, aber ihr habt mich nicht bei euch aufgenommen. Ich war nackt, aber ihr gabt mir keine Kleidung. Ich war krank und im Gefängnis, doch besucht habt ihr mich nicht!

47. Und auch die Verdammten werden ihn sodann fragen: Herr, sag – wann haben wir dich hungrig oder durstig gesehen oder als Fremden oder nackt oder krank oder im Gefängnis, und haben dir dann nicht gedient?

48. Und dann wird er diesen antworten: Wahrlich, ich sage euch dies: Was ihr nicht getan habt für einen meiner geringsten Brüder, das habt ihr auch für mich nicht getan!

49. Und so werden sie dahingehen in ihre ewige Strafe, aber die Gerechten gelangen zum ewigen Leben.

KAPITEL XV

1. Als es noch zwei Tage bis zum Pessachfest und den Tagen der ungesäuerten Brote waren, suchten die Hohepriester und Schriftgelehrten nach einer List, wie sie Jesus ergreifen und töten könnten.

2. Aber sie sagten: Bloß nicht während des Fests; nicht, dass es noch zu einem Aufruhr im Volk kommt!

3. Und als Jesus in Betanien weilte im Hause Simons, des Aussätzigen, und dort zu Tisch saß, da näherte sich ihm eine Frau mit einem Alabastergefäß mit reinstem, kostbarem Nardenöl; sie zerbrach das Gefäß und goss das Öl auf sein Haupt.

4. Darüber empörten sich einige und sagten: Was soll diese Vergeudung des Salböls?

5. Man hätte dieses kostbare Öl für mehr als dreihundert Silbergroschen verkaufen und den Erlös den Armen spenden können! Und sie waren wütend auf die Frau.

6. Doch Jesus sprach: Lasst sie in Ruhe! Was macht ihr ihr Vorwürfe? Sie hat ein gutes Werk an mir vollbracht!

7. Denn Arme gibt es immer und überall, und wenn ihr wollt, könnt ihr ihnen immer Gutes tun; doch mich habt ihr nicht immer bei euch!

8. Diese Frau hier hat getan, was sie konnte; und sie hat meinen Leib im Voraus für mein Begräbnis gesalbt!

9. Daraufhin schlich sich einer der Zwölf namens Judas Iskariot fort und lief zu den Hohepriestern.

10. Und er fragte sie: Wie viel wollt ihr mir bezahlen, wenn ich Jesus verrate? Und sie boten ihm dreißig Silberlinge.

11. Und von da an suchte er nach einer Gelegenheit, ihn zu verraten.

12. Am ersten Tag der ungesäuerten Brote traten seine Jünger an Jesus heran und fragten ihn: Wo sollen wir dir das Pessachlamm zum Essen anrichten?

13. Er antwortete: Geht in die Stadt zu diesem ganz bestimmten Mann und sagt zu ihm: Der Meister richtet ihm aus: Meine Zeit läuft ab, und ich möchte mit dir und meinen Jüngern das Pessachfest feiern!

14. Die Jünger taten, was er ihnen aufgetragen hatte, und bereiteten das Pessachlamm zu.

15. Und am Abend setzte er sich mit den Zwölf gemeinsam zu Tisch.

16. Da entbrannte unter ihnen plötzlich ein Streit darüber, wer von ihnen als der Größte gelten solle.

17. Jesus aber sprach zu ihnen: Die Könige herrschen über ihre Völker, und die Machthaber lassen sich als Wohltäter feiern.

18. Seid ihr nicht so! Vielmehr soll der Größte von euch demütig sein wie der Jüngste, und der Vornehmste soll sein wie ein Diener.

19. Denn wer ist größer: der zu Tisch sitzt oder der dient? Ist es nicht der, der zu Tisch sitzt? Ich selbst aber bin unter euch wie ein Diener!

20. Das Abendessen endete,

21. Und Jesus erhob sich, legte sein Obergewand ab, nahm einen Schurz und gürtete sich damit.

22. Dann goss er Wasser in ein Becken und begann, den Jüngern die Füße zu waschen; und er trocknete sie mit dem Schurz ab, den er umgelegt hatte.

23. Und als er zu Simon Petrus kam, fragte der ihn: Herr, solltest du mir wirklich die Füße waschen?

24. Jesus entgegnete: Du verstehst für den Augenblick nicht, was ich hier tue; aber du wirst es noch erfahren.

25. Doch Simon Petrus sagte: Niemals solltest du mir die Füße waschen! Jesus aber antwortete: Wenn ich dich nicht wasche, bist du kein Teil von mir!

26. Da sagte Simon Petrus: Dann wasche mir aber nicht allein die Füße. Sondern auch die Hände und das Haupt!

27. Doch Jesus sprach: Wer gewaschen ist, der bedarf nicht mehr, als dass ihm die Füße gewaschen werden; denn er ist vollkommen rein. Und ihr seid rein! Aber nicht alle von euch.

28. Denn Jesus kannte seinen Verräter; deshalb sprach er davon, dass nicht alle rein seien.

29. Nachdem er ihre Füße gewaschen hatte, nahm er wieder seine Kleider, zog sie an, setzte sich und sprach: Wisst ihr, was ich hier für euch getan habe?

30. Ihr nennt mich euer Meister und Herr; zu Recht, denn das bin ich.

31. Wenn euch aber euer Meister und Herr die Füße gewaschen hat, dann sollt ihr euch erst recht auch untereinander die Füße waschen!

32. Ich habe euch das Beispiel gegeben; tut nun untereinander dasselbe!

33. Denn fürwahr, ich sage euch: Der Knecht ist nicht größer als sein Herr, und der Abgesandte ist nicht größer als der, der ihn gesandt hat!

34. Und wenn ihr dies wisst, so seid ihr selig, wenn ihr es befolgt.

35. Nachdem Jesus dies gesagt hatte, wurde er sehr ernst und betrübt; dann erklärte er mit fester Stimme: Wahrlich, ich sage euch: Einer unter euch wird mich verraten!

36. Die Jünger sahen einander an und grübelten, von wem er wohl redete.

37. Einer der Jünger, den Jesus besonders liebte, saß an Jesus' Brust gelehnt.

38. Diesem gab Simon Petrus zu verstehen, dass er Jesus fragen solle, von wem er da redete.

39. Da fragte er, von Jesus' Brust herauf: Herr, wer ist der Verräter?

40. Und Jesus antwortete ihm: Derjenige, dem ich den nächsten Bissen eintunke und zu essen gebe. Und er nahm den Bissen, tunkte ihn ein und reichte ihn Judas Iskariot, dem Sohn des Simon.

41. Und als Judas hinausgegangen war, sprach Jesus:

42. Ich gebe euch heute ein neues Gebot: Ihr sollt euch untereinander ebenso lieben, wie auch ich euch geliebt habe; auf dass ihr euch alle untereinander liebt!

43. Denn daran, dass ihr untereinander Liebe hegt, wird jedermann erkennen, dass ihr meine Jünger seid!

44. Und Jesus sprach: Heute Nacht werdet ihr alle Anstoß an mir nehmen!

45. Petrus aber antwortete entrüstet: Und wenn jedermann an dir Anstoß nähme – ich werde dies nie tun!

46. Und er fuhr fort: Herr, ich bin sogar bereit, mit dir ins Gefängnis und in den Tod zu gehen!

47. Doch Jesus entgegnete: Petrus, ich sage dir, der Hahn wird heute nicht krähen, bevor du dreimal geleugnet hast, mich zu kennen!

48. Petrus erwiderte: Niemals! Und wenn ich mit dir sterben müsste, nie würde ich dich verleugnen! Und dasselbe beschworen auch die anderen Jünger.

49. Und Jesus führte die Jünger in einen Garten, der Gethsemane hieß, und sprach zu ihnen: Setzt euch und wartet hier, solange ich dort hinübergehe und bete.

50. Und er nahm nur Petrus und die beiden Söhne des Zebedäus mit sich, und versank sodann in große Trauer und Verzweiflung.

51. Und er sagte zu ihnen: Meine Seele ist zu Tode betrübt; bitte bleibt bei mir und haltet mit mir Wacht!

52. Er ging einige Schritte weiter, warf sich zu Boden und betete: Mein Vater! Wenn es möglich ist, soll dieser Kelch an mir vorübergehen! Doch nichts geschehe so, wie ich will, sondern nur so, wie du willst!

53. Dann kehrte er zu den Jüngern zurück und fand sie schlafend vor; und er sprach zu Petrus: Könnt ihr nicht einmal eine Stunde mit mir wachen?

54. Bleibt wacht und betet, damit ihr standhaft bleibt! Denn der Geist ist willig, aber das Fleisch ist schwach.

55. Und ein zweites Mal entfernte er sich zum Beten und sprach: Vater, wenn es nicht möglich ist, dass dieser Kelch an mir vorübergehe, ohne dass ich ihn trinke, dann geschehe dein Wille!

56. Und als er zu den Jüngern zurückkam, fand er sie abermals schlafend vor, denn ihre Augen fielen ihnen zu.

57. Er ging abermals davon und sprach dabei wieder dieselben Worte.

58. Dann kehrte er zu den Jüngern zurück und sagte: Schlaft jetzt weiter und ruht euch aus?

KAPITEL XVI

1. Nachdem er dies gesagt hatte, zog er mit seinen Jüngern weiter; sie überquerten den Bach Kidron. Dort gab es einen Garten, den sie betraten.

2. Judas aber, der ihn verriet, kannte diesen Ort ebenfalls, denn Jesus versammelte sich dort oft mit seinen Jüngern.

3. Und Judas führte einen Trupp Soldaten und Knechte der Hohepriester und Schriftgelehrten genau dorthin; sie erschienen mit Fackeln, Lampen und Waffen.

4. Der Verräter hatte ihnen ein Zeichen genannt und ihnen angekündigt: Jesus ist derjenige, den ich küssen werde. Ergreift ihn dann!

5. So trat er zu Jesus und sprach: Meister, sei gegrüßt! Und er küsste ihn.

6. Jesus fragte ihn: Mein Freund, wofür bist du hergekommen?

7. Und weil er wusste, was ihm bevorstand, trat er hervor und sprach zu den Soldaten: Nach wem sucht ihr?

8. Sie antworteten: Nach Jesus von Nazareth! Und Jesus sagte: Der bin ich! Und Judas, der ihn verraten hatte, stand direkt bei ihnen.

9. Als Jesus aber sagte, dass er es sei, da wichen sie zurück und stolperten.

10. Und er fragte sie nochmals: Nach wem sucht ihr? Und

sie wiederholten: Nach Jesus von Nazareth.

11. Jesus sprach: Ich habe euch gesagt, dass ich es bin. Wenn es euch nur um mich geht, dann lasst die anderen hier ziehen!

12. Da näherten sie sich ihm und ergriffen ihn.

13. Und wisst: Einer derjenigen, die zu Jesus gehörten, zog sein Schwert, holte aus und schlug nach dem Knecht des Hohepriesters; und er schlug ihm ein Ohr ab.

14. Jesus befahl ihm: Stecke dein Schwert weg! Denn wer das Schwert ergreift, der wird durch das Schwert umkommen!

15. Dann sprach er zu dem Trupp: Mit Schwertern und Lanzen seid ihr losgezogen, um mich zu fangen, als ob ihr nach einem Räuber fahndet? Dabei habe ich doch Tag für Tag im Tempel gesessen und dort gepredigt. Und ihr habt mich nicht ergriffen.

16. In diesem Augenblick verließen ihn all seine Jünger und flohen.

17. Ein junger Mann aus Jesus' Gefolgschaft trug nichts als ein Leinengewand auf der bloßen Haut. Den wollten sie auch ergreifen;

18. Da ließ er sein Gewand in ihren Händen und lief nackt davon.

19. Diejenigen, die Jesus ergriffen hatten, führten ihn vor den Hohepriester Kaiphas; um diesen hatten sich all die Schriftgelehrten und Ältesten versammelt.

20. Simon Petrus und ein anderer Jünger machten sich auf, Jesus zu folgen; dieser andere Jünger war mit dem Hohepriester bekannt, und so begleitete er Jesus in den Palast des Hohepriesters.

21. Petrus aber wartete draußen. Nach einer Weile kam jener andere Jünger, der mit dem Hohepriester bekannt war, wieder hinaus, redete mit der Palastwache und führte Petrus hinein.

22. Im Innern des Palastes standen viele Bedienstete um ein Kohlenfeuer, um sich zu wärmen, denn es war sehr kalt. Petrus gesellte sich zu ihnen und wärmte sich auf.

23. Da sprach die Torhüterin zu Petrus: Du, bist du nicht auch einer der Jünger dieses Menschen? Er antwortete: Nein, das bin ich nicht.

24. Und als er da stand und sich am Feuer wärmte, fragten sie ihn: Bist du nicht ein Jünger dieses Menschen? Er leugnete und antwortete: Nein, das bin ich nicht.

25. Einer der Knechte des Hohepriesters, der ein Verwandter von jenem war, dem Petrus das Ohr abgeschlagen hatte: Sah ich dich nicht vorhin im Garten mit ihm?

26. Und wieder leugnete Petrus dies. Kurz darauf krähte der Hahn.

27. Da fielen Petrus die Worte Jesu ein, die dieser gesagt hatte: Ehe der Hahn kräht, wirst du mich dreimal verleugnen! Und Petrus lief hinaus und weinte bitterlich.

28. Der Hohepriester befragte Jesus zu seinen Jüngern und seiner Lehre.

29. Jesus antwortete ihm: Ich habe stets offen und frei vor aller Welt geredet. Ich habe ständig in der Synagoge und im Tempel gelehrt, dort, wo alle Juden sich versammeln; und ich habe nichts im Geheimen verbreitet.

30. Weshalb fragst du mich? Frage jene, die mir zugehört haben, was ich zu ihnen sprach. Du wirst erkennen, diese alle wissen, was ich gesagt habe!

31. Als er ausgeredet hatte, schlug einer der umstehenden Diener Jesus ins Gesicht und fuhr ihn an: Sprichst du etwa so mit dem Hohepriester?

32. Jesus erwiderte: Sollte ich falsch geredet haben, dann beweise, dass meine Worte falsch waren. Wenn ich aber redlich gesprochen habe, wieso schlägst du mich?

33. Sie führten Jesus hinauf zum Hohepriester, und es hatten sich alle anderen Hohepriester, Ältesten und Schriftgelehrten um ihn versammelt.

34. Die Hohepriester und der Hohe Rat suchten nach Anklagepunkten gegen Jesus, um ihn zum Tode verurteilen zu können; doch sie fanden nichts, was sie ihm anlasten konnten.

35. Denn viele Zeugen erhoben falsche Anschuldigungen gegen ihn, doch ihre Zeugenaussagen widersprachen einander.

36. Und einige traten hervor und belasteten ihn mit falschen Anklagen, indem sie behaupteten:

37. Wir haben selbst gehört, dass er gesagt hat: Ich will diesen Tempel, der von Menschenhand geschaffen ist, abreißen und in drei Tagen einen neuen errichten, der nicht von Menschenhand erbaut wird.

38. Doch ihre Zeugnisse stimmten auch hierbei untereinander nicht überein.

39. Da erhob sich der Hohepriester, trat in die Mitte und fragte Jesus direkt: Antwortest du gar nichts? Was ist es, das diese hier gegen dich vorbringen?

40. Doch Jesus schwieg und sagte kein Wort. Erneut wandte sich der Hohepriester an ihn und fragte: Bist du der Christus, der Sohn des Hochgelobten?

41. Da sprach Jesus: Wenn ich euch dies sage, so glaubt ihr mir nicht;

42. Frage ich euch aber, dann antwortet ihr mir nicht, und ihr lasst mich auch nicht frei.

43. Da wollten sie alle von ihm wissen: Bist du denn Gottes Sohn? Und Jesus antwortete ihnen: Ihr sagt, ich bin es.

44. Da zerriss der Hohepriester sein Gewand und rief aus: Was braucht es noch weitere Zeugen?

45. Ihr alle habt die Gotteslästerung vernommen! Wie lautet euer Urteil? Und sie alle verurteilten ihn einstimmig zum Tode.

46. Und einige begannen ihn zu bespucken, sie verhüllten sein Gesicht und schlugen mit den Fäusten nach ihm, und sie verhöhnten ihn: Weissage uns! Und die Knechte ohrfeigten ihn.

47. Dann führten sie Jesus von Kaiphas zum Gerichtssaal; es war früh am Morgen. Doch sie traten nicht ein, um vor dem Pessachessen nicht unrein zu werden.

48. Da trat Pilatus hinaus und fragte: Wie lautet die Anklage gegen diesen Menschen?

49. Sie antworteten: Glaube uns, wäre dieser hier nicht ein Verbrecher, dann hätten wir ihn dir nicht vorgeführt.

50. Und Pilatus sprach zu ihnen: Dann nehmt ihr ihn mit und richtet ihn nach eurem Gesetz! Doch die Juden entgegneten: Wir dürfen nach unserem Gesetz niemanden töten!

51. Also zog sich Pilatus wieder ins Gerichtsgebäude zurück, ließ Jesus kommen und fragte ihn: Sag, bist du der König der Juden?

52. Jesus antwortete: Wirfst du mir dies vor, oder haben dir dies andere über mich erzählt?

53. Pilatus fragte: Bin ich etwa ein Jude? Dein Volk und die Hohepriester haben dich mir überantwortet. Also sag mir: Was hast du getan?

54. Jesus sprach: Mein Reich ist nicht von dieser Welt. Wäre es von dieser Welt, dann würden meine Diener darum kämpfen, dass ich nicht den Juden in die Hände falle. Jedoch ist mein Reich nicht von dieser Welt.

55. Pilatus sagte daraufhin: Und du bist also ein König? Jesus antwortet: Du sagst, dass ich ein König bin. Ich wurde geboren und bin in die

56.

57. Welt gekommen, um die Wahrheit zu bezeugen. Und wer die Wahrheit erkennt, der hört meine Stimme.

58. Pilatus sprach: Was ist Wahrheit? Und er ging wieder hinaus zu den Juden und erklärte: Ich kann keine Schuld bei ihm erkennen.

59. Da gerieten sie noch mehr in Rage und protestierten: Er wiegelt das Volk mit seiner Lehre auf; hier und dort, in ganz Judäa – von Galiläa bis hier!

60. Pilatus wandte sich wieder Jesus zu und fragte ihn: Hörst du, welche harten Anschuldigungen sie erheben?

61. Und als er Pilates von Galiläa reden hörte, fragte er, ob er aus Galiläa stamme;

62. Und als er erfuhr, dass Jesus ein Untertan des Herodes war, sandte er ihn zu diesem. Denn Herodes war zu dieser Zeit gerade in Jerusalem.

63. Als Herodes Jesus erblickte, war er voller Freude, denn gern schon hätte er ihn zuvor getroffen. Er hatte viel von ihm gehört, und er hoffte darauf, dessen angesichtig zu werden, wie er ein Wunder vollbrachte.

64. Er befragte ihn ausgiebig, doch Jesus gab ihm keine Antwort.

65. Die Hohepriester und Schriftgelehrten standen daneben und wiederholten ihre Anschuldigungen.

66. Da verspotteten und verhöhnten Herodes und seine Soldaten Jesus, sie zogen ihm ein prächtiges Gewand über und schickten ihn zurück zu Pilatus.

67. An jenem Tag wurden Herodes und Pilatus zu Freunden; zuvor waren sie einander feindlich gesinnt gewesen.

68. Pilatus versammelte nun die Hohepriester, die Oberen und das Volk

69. Und sprach zu ihnen: Ihr habt diesen Menschen zu mir gebracht als Aufwiegler; seht, ich habe ihn verhört und konnte keine Schuld an dem nachweisen, was ihr ihm zur Last legt!

70. Nein, auch Herodes konnte dies nicht, denn er hat ihn zu uns zurückgesandt! Seht, er hat nichts getan, was den Tod verdienen würde.

71. Deshalb will ich ihn auspeitschen lassen und dann wieder in Freiheit entlassen.

KAPITEL XVII

1. Es herrschte jedoch der Brauch, dass der Statthalter während des Fests einen Gefangenen begnadigte, den das Volk auswählte.

2. Zu jener Zeit gab es einen berüchtigten Gefangenen namens Jesus Barabbas.

3. Und als das Volk sich versammelt hatte, fragte Pilatus: Welchen von beiden soll ich begnadigen, Jesus Barabbas oder Jesus, von dem gesagt wird, er sei der Christus?

4. Denn Pilatus wusste, dass die Hohepriester ihn ihm aus Neid übergeben hatten.

5. Und als er auf dem Richterstuhl saß, ließ ihm seine Frau bestellen: Behellige diesen Gerechten nicht: Denn seinetwegen habe ich heute Albträume durchlitten!

6. Währenddessen überredeten die Hohepriester und Ältesten das Volk, dass es um Barabbas' Begnadigung bitten und Jesus töten lassen solle.

7. Pilatus fragte das Volk: Welchen wollt ihr begnadigt sehen, wen soll ich freilassen? Da riefen sie: Barabbas!

8. Und als sich Pilatus erhob und fragte: Was soll geschehen mit Jesus, von dem gesagt wird, er sei der Christus?, da schrien die Leute: Lass ihn kreuzigen!

9. Er aber fragte sie: Was hat er denn Böses getan? Doch sie schrien immer lauter: Lass ihn kreuzigen!

10. Da ließ er Barabbas frei; Jesus aber ließ er auspeitschen und übergab ihn den Henkern, damit er gekreuzigt werde.

11. Die Soldaten des Statthalters brachten Jesus ins Prätorium und versammelten dort die ganze Einheit um ihn;

12. Sie flochten eine Dornenkrone, setzten sie ihm aufs Haupt und drückten ihm ein Rohr in die rechte Hand; dann verbeugten sie sich vor ihm und verspotteten ihn: Gegrüßet seist du, König der Juden!

13. Sie spuckten ihn an, ergriffen das Rohr und schlugen es auf seinen Kopf.

14. Und als sie ihn verhöhnt hatten, zogen sie ihm den Mantel aus, legten ihm seine Kleider an und führten ihn zur Kreuzigung ab.

15. Als Judas, der ihn verraten hatte, von dem Todesurteil erfuhr, packte ihn die Reue und er brachte die dreißig Silberlinge zu den Hohepriestern und Ältesten zurück.

16. Er sprach: Ich habe Unrecht getan, indem ich unschuldiges Blut verraten habe! Sie aber entgegneten: Was interessiert uns das? Es kümmert uns nicht!

17. Da warf er die Silberlinge mitten in den Tempel, lief davon und erhängte sich.

18. Die Hohepriester lasen die Silberlinge vom Boden auf und sagten: Es wäre nicht recht, dass wir dieses Geld in den Opferkasten legen, denn es ist Blutgeld.

19. Also beschlossen sie, den Acker des Töpfers davon zu kaufen, um dort einen Friedhof für Fremde anzulegen.

20. Deshalb wird dieser Acker bis zum heutigen Tage Blutacker genannt.

21. Und als die Soldaten nun Jesus zur Kreuzigung führten, zwangen sie einen Mann, Simon von Kyrene, der gerade vom Feld kam, das Kreuz hinter Jesus herzutragen, und legten es ihm auf den Rücken.

22. Eine große Menschenmenge folgte ihn nach, darunter viele Frauen, die klagten und weinten.

23. Da wandte sich Jesus ihnen zu und sprach: Ihr Töchter Jerusalems, weint nicht um mich! Weint um euch selbst und um eure Kinder!

24. Denn die Zeit wird kommen, da man sagen wird: Selig sind die Unfruchtbaren und die Leiber, die nicht geboren haben, und die Brüste, die nicht gestillt haben!

25. Und zu den Bergen wird man sagen: Fallt über uns zusammen! Und zu den Hügeln: Bedecket uns!

26. Denn wenn man dies hier dem grünen Holz antut, was wird dann erst dem dürren widerfahren?

27. Außer Jesus wurden noch andere zur Richtstätte hinaufgeführt; unter ihnen zwei Verbrecher, die gemeinsam mit ihm hingerichtet werden sollten.

28. Und Jesus trug sein Kreuz und zog weiter hinauf bis zur Stätte, die als Schädelstätte bekannt ist, was auf Hebräisch Golgotha heißt.

29. Dort kreuzigten sie ihn, und mit ihm zwei andere zu beiden Seiten, Jesus in der Mitte.

30. Pilatus ließ eine Inschrift fertigen und oben auf das Kreuz setzen. Diese lautete: JESUS VON NAZARETH, KÖNIG DER JUDEN.

31. Sehr viele Juden lasen dies, denn die Schädelstätte, wo Jesu Kreuz stand, lag sehr nahe bei der Stadt. Die Inschrift war in hebräischer, griechischer und lateinischer Sprache geschrieben.

32. Doch die Hohepriester der Juden beschwerten sich bei Pilatus und sagten, schreibe nicht: »Der König der Juden«; sondern dass er gesagt hat: »Ich bin der König der Juden.«

33. Doch Pilatus antwortete: Was ich geschrieben habe, das habe ich geschrieben!

34. Als die Soldaten Jesus ans Kreuz geschlagen hatten, nahmen sie seine Kleidung und machten daraus vier Teile, für jeden Soldaten einen. Sie nahmen auch sein Obergewand. Dieses war aber nicht genäht, sondern von obenan in einem Stück gewebt.

35. Und untereinander sprachen sie: Lasst uns das Gewand nicht zerteilen; lasst uns auslosen, wem es gehören soll.

36. Und die Menschen, die vorüberzogen, lästerten über Jesus und schüttelten die Köpfe.

37. Sie sagten: Du, der du doch den Tempel abreißt und neu aufbaust in drei Tagen – hilf dir doch selbst, wenn du Gottes Sohn bist, und steig herab vom Kreuz!

38. Auch die Hohepriester mit den Schriftgelehrten und Ältesten verspotteten ihn und riefen:

39. Anderen hat er geholfen, aber sich selbst kann er nicht helfen! Wenn er der König von Israel ist, soll er doch einfach vom Kreuz herabsteigen! Dann glauben wir gern an ihn.

40. Er hat doch Gott vertraut! Dann soll der ihn doch erlösen, wenn er so großen Gefallen an ihm hat. Er hat doch immer behauptet, er sei Gottes Sohn!

41. Und einer der Verbrecher, die neben ihm am Kreuz hingen, beschimpfte ihn und sagte: Wenn du doch der Christus bist, dann hilf dir doch selbst und hilf auch uns!

42. Da wies ihn der Verbrecher auf der anderen Seite Jesu zurecht und sagte: Fürchtest du dich etwa nicht vor Gott, wo du doch ebenso verdammt bist wie dieser hier?

43. Wir beide sind zu Recht verdammt; denn unsere Strafe ist unseren Missetaten angemessen. Doch dieser hier hat nichts Unrechtes getan!

44. Jesus aber sprach: Vater, vergib ihnen; denn sie wissen nicht, was sie tun.

45. Da kamen Jesu Mutter, deren Schwester, Maria, die Frau des Klopas, und Maria Magdalena zu ihm ans Kreuz.

46. Als Jesus seine Mutter erblickte und bei ihr den Jünger, den er sehr liebte, da sprach er zu seiner Mutter: Siehe, Frau – dies ist dein Sohn!

47. Dann wandte er sich an seinen Jünger und sprach: Siehe, deine Mutter! Und von diesem Moment an nahm sie der Jünger bei sich auf.

48. Um die neunte Stunde schrie Jesus laut auf: Eli, Eli, lama sabachthani? Das bedeutet: Gott, mein Gott, warum hast du mich verlassen?

49. Einige Umstehende aber hörten dies und sagten: Der ruft nach Elia!

50. Sogleich lief einer von ihnen los, nahm einen Schwamm, tränkte ihn mit Essig, steckte ihn auf einen Stab und gab ihm davon zu trinken.

51. Die anderen aber riefen: Halt! Lass uns zuerst sehen, ob nicht Elia kommt und ihm hilft!

52. Da schrie Jesus abermals laut auf und sein Geist schied aus ihm.

53. Es waren viele Frauen zugegen, die aus einiger Entfernung zusahen; sie waren Jesus aus Galiläa nachgefolgt und hatten ihm gedient.

54. Unter ihnen befanden sich auch Maria Magdalena und Maria, die Mutter des Jakobus und Josef, sowie auch die Mutter der Söhne des Zebedäus.

55. Da aber gerade Rüsttag war und Leichname über Sabbat auch nicht am Kreuz hängen bleiben sollten, denn dieser Sabbat war ein hoher Festtag, baten die Juden Pilatus, den Gekreuzigten die Beine zu brechen und sie vom Kreuz abnehmen zu dürfen.

56. So machten sich die Soldaten daran, dem ersten die Beine zu brechen, und dann auch dem anderen, der mit Jesus gekreuzigt worden war;

57. Als sie aber zu Jesus kamen und sahen, dass er bereits gestorben war, brachen sie ihm die Beine nicht;

58. Doch einer der Soldaten stieß ihm mit dem Speer in seine Flanke. Sogleich traten Blut und Wasser aus der Wunde.

59. Daraufhin bat Josef von Arimathäa, der auch ein Jünger gewesen war, Pilatus, den Leichnam Jesu vom Kreuz nehmen zu dürfen, aber aus Furcht vor den Juden nur heimlich, und Pilatus gestattete es. Also ging er zum Kreuz und nahm Jesu Leichnam herunter.

60. Er traf sich mit Nikodemus, der einst in der Nacht einmal zu Jesus gekommen war; dieser brachte mit Aloe vermischte Myrrhe mit, etwa hundert Pfund insgesamt.

61. Sie nahmen den Leichnam Jesu und wickelten ihn in Leinentücher mit wohlriechenden Ölen, nach althergebrachter jüdischer Sitte bei Begräbnissen.

62. Nahe der Stätte, wo er gekreuzigt wurde, befand sich ein Garten. Und in dem Garten gab es eine neue Grabstätte, in der noch nie jemand bestattet worden war.

63. Dort hinein legten sie Jesus.

64. Und sie wälzten einen großen Stein vor den Eingang des Grabs und entfernten sich.